SOUV'NIRS
IN HOMME
D'DOUAI

PAROISSE DES VIOS-SAINT-ALBIN

… des belles z'images

HISTORIQUE EN PATOIS DOUAISIEN

PAR CHRISTE
Société Impériale de Littérature

TOME III

DOUAI
chez DECHRISTÉ, rue de la Boulangerie
1870

SOUV'NIRS
D'UN HOMME D' DOUAI

SE TROUVE :

A Douai, chez l'auteur, rue Jean-de-Bologne, et chez MM. les libraires dont les noms suivent :

    LAFOSCADE, rue Saint-Jacques;
    LEGROS, place Saint-Pierrre;
    LUCAS, rue des Blancs-Mouchons.

A Lille, chez M. QUARRÉ, libraire, Grand'-Place.

SOUV'NIRS D'UN HOMME D'DOUAI

DE L' PAROISSE DES WIOS-SAINT-ALBIN

Aveuc des bellés z'images

CROQUIS HISTORIQUE EN PATOIS DOUAISIEN

PAR L. DECHRISTÉ

Membre correspondant de la Société Liégeoise de Littérature Wallonne

TOME III

DOUAI

Imprimerie DECHRISTÉ, rue Jean-de-Bologne.

— 1870 —

LES TROS VOLUMES D'DÉCHRISTÉ

CANCHON LILLOISE

Par DESROUSSEAUX.

Air du Pana

(Noté dans le 4ᵉ volume des *Chansons et Pasquilles Llilloises*).

Cristi ! qu'eun' bonn' nouvell' m'arrive.
On m'apprind que l' compèr' Louis
Va fair' paraîte un trosièm' live.
Je l' dis tout d' bon, j' m'in réjouis,
Car les deux premiers m'ont fait rire
D'un si bon cœur, et si souvint,
Qu' je n' peux point m'impêcher d' les r'lire,
Quand j'ai l'cœur triste un p'tit moumint.
Ah ! qu'i m'ont donné de l' gaîté
Les deux volume' d' Dechristé !

On y parle des personnaches
Les pus connus dins tout Douai,
Par leu' tournure' et leus visaches,
Et leu caractèr' vraimint gai.
Leus noms, surtou', ont du comique.
In v'là quéq's-uns : *Mamzell' Trésor,
Théress'-Tout-Nue, Améli' l' Brique,
Cracu, Loufa, Blanc-Nez, Broqu'-d'Or.*
Ah ! qu'i m'ont donné de l' gaîté
Les deux volume' d' Dechristé !

Comm' des gins faijant bien l' payasse,
I faut parler des *Pimperlots.*
On leu donnot ch' nom si cocasse,
Pa' c' qu'i buvottent moins *d' pintes* que *d'lots.*
Au Carneval, in équipache,
Chés farceu' allott'nt à l' mason
Des gins brouillés dins leu ménache,
Pour leu faire un fameux sermon.
Ah ! qu'i m'ont donné de l'gaîté
Les deux volume' d'Dechristé !

— III —

Sitôt qu'on met l'nez dins ch'l'ouvrache
On a l'cœur gai comme un pinchon,
Car on y trouv' presque à chaq' pache
Un p'tit couplet, même eun' canchon.
I n'est point possible qu'on s'lasse
A dir' les couplets su' *Gros-Jean*,
Su' *l'Carillon* et su' *l'Ducasse*,
Les Tartes guilée' et *l'Pèr' Gayant*.
Ah ! qu'i m'ont donné de l' gaîté
Les deux volume' d' Dechristé !

———

On y ramaintu' les inseinnes
Du bon vieux temps, comme d'nos jours.
Mais les pus biell's, ch'est les anciennes
Avec des drôl's de calembours.
Jugez-in, v'là comm' cha débute :
Au Li' on dort, ... *au Rat sur* E, ...
Au bout du Fossé la Culbute ; ...
A l'A sur T, ... *au* K *barré*....
Ah ! qu'i m'ont donné de l'gaîté
Les deux volume' d' Dechristé !

— IV —

On r'trouve, infin, dins chés volumes,
Tous les souv'nanc's du temps passé.
Su l'jargon, l'histoir', les coutumes,
L'auteur espliqu' tout chint qui sait.
In vérité, ch' n'est point peu dire :
Sans voloir faire l' magister,
Et tout in aïant l'air de rire,
I connot cha comm' sin *Pater*.
Ah ! qu'i m'ont donné de l' gaîté
Les deux volume' d' Dechristé !

———

Aïant vu là tant d' coss's si bielles,
Vraimint j' n'aros jamais pinsé,
Qu'on in r'trouv'rot des pus nouvielles
Pou faire un liv'.... Me v'là blousé.
Ta mieux. Cha prouve qu'min compère
Est un malin. Chacun l'verra
Par son volume. Un jour, j'espère
Qu'avec mi tout l' mond' répét'ra :
« Ah ! qu'il' ont donné de l'gaîté
Les tros volume' d' Dechristé ! »

Lille, 7 juillet 1870.

SOUV'NIRS
D'UN HOMME D'DOUAI,
DE L'PAROISSE DES WIOS SAINT-ALBIN.

XXXVIII.

Eune flète des Wios-Saint-Albin. — Ch'mât d'Cocagne. — Chés garchonnals qui mettent pou six doubes d'chiro tout à l'intour d'leu corps pou monter min à ch'mât. — Louis-Joseph qui veut faire un nouviau ju. — Grand'père et grand' mère qui faittent leu menuet à ch'bal. — Nos rigodons à l'mason d'ch'capitaine.

Un a bel à dire, mais l'paroisse des Wios chet toudis l'crâne des crânes !... — Après qu'y z'ont eu fait Gayant chinq jours tout intiers, chés gins d'par là y

1

z'ont volu faire l'erbond diminche, et sans compter qu' chétot d' cha, et qu, tout l' monne qu'il a volu ète de ch'l'éco.

Tout au matin un véiot à l'coin d'chés rues d'z'affiches dù ch' qu'y n'y avot d'sus que l' commission d' chelle flète, qu'a s' composot d' monsieu Gillet et d' monsieu Ratte, in compagnie d' monsieu Mouquet et d'monsieu Rompteau, qu'alle annonçot à tous chés gins qu'un allot monter au soir à ch' mât de Cocagne, dù ch' qu'y n'y arot eu gramain d' prix et pis qu'après qu'y n'y arot eu bal d'sus l' plache de ch' mât. Et cha n'a point manqué.

Y n'y avot in plein mitant de l' rue un grand mât d' Cocagne, dù qu'y pindot un gambon si gros qu'un homme, et pis des culottes, et pis des vesses, et pis d' z'andoules, et pis des bourses à mort, et pis d' toute sorte in veux-tu in v'là. Et tout cha un ll'a inl'vé in deux heures ed' temps. Y n'y avo là Batiche et pis Fénélon, et pis d' z'autes qui montottent tout in haut de ch' mât pu subtils qu' des cats ; même Fénélon qu'il a attrappé ch' coq qu'il étot tout in haut de ch' mât, et pis après qu'y brayot pache qu'y croïot qu'un li avot volé ses sorlets; par bonheur que ch' maîte Mouquet qu'y l' z'avot mis d' côté. — Y n'y avot aussi un tiot mâtin d'infant qu'y n'avot point incor neuf ans, y grimpot là pu vite qu'un éclair, et à la minute il avot décroché s'n affaire, si bin qu' chet li qu'il a eu pu d' prix; aussi ch' grand Oscar y ll'a mis d'sus s'n épaule et y ll'a porté in triomphe din tout ch' quartier aveuc un tambour qui juot Gayant et tous chés gins qui criottent : *Vive l' paroisse Saint-Albin! Vive chés Wios! Vive Gayant!....*

Qu'mint qu' cha va, que j' dijos inter mi-même, que ch' ju qu'y finit si vite, quin qu' je m'rappelle din l'temps d'monsieu d' Nuncques, qu'y n'y avot toudis ch' ju d'ogeon et pis d' ménète d'vant s'mazon (qu'chétot tout vis-à-vis de *l'Brique*), et qu'y n'y avot in même temps un mât d' Cocagne d'sus l'Plarie, qu'un étot souvint obligé d'attinde l'fin soir pou parfaire chés jus, et à l'heure d'aujord'hui qu' chés gaïards-là qu'y sont si adrots qu' din l' minute y sont arrivés tout in haut de ch'mât? — Pindant que j'busios à tout cha, tout d'un co j'vos un garchonnal à ch' coin de ch'Camp-Fleuri qu'il étot à frotter d'sus ses bras et pis d'sus ses gambes, qu'un arot juré qu'il avot des cranques. J'avanche, et in arrivant j' sins eune odeur d' chiro à mort. Savez-vous ch' qu'y faijot? Y mettot pou six doubes d'chiro d' pain n'épice in travers d' sin corps, qu'un arot juré un moricot, et alors l' v'là qu'un appelle sin nom, et y s'met à monter à la minute tout s'qu'in haut; mais v'là qu'il a pris un tiot boursicot qu'y n'y avot là, y veut déquinde, et j' vos qu'y fait aller ses bras tant qu'y peut pou décoller ses gambes, et il avot un ma d'galérien à n'in v'nir à bout. Pas moins qu'il a arrivé à tierre, et tous l'z'autes in véiant qu'il avot monté si bin, y n'ont point manqué d'aller à ch' l'épicier de ch' coin acater de l' mélasse, si bin qu'au soir chés pauves infants de l' rue d'Oque y brayottent pache que leu mère a n'avot point pouvu trouver d' chiro din chelle boutique pou faire leu tartenne avant d'aller couquer.

In parlant de l' rue d'Oque, un véïot là Louis-Joseph qui volot faire un nouviau ju : il avot eune brouette, y mettot un mouchot d'sus les yux d' chés gins, et il offrot l'argint d'eune pinte à ch'ti qu'il arot su aller comme cha conduire chelle brouette et attrapper un morciau d' fier qu'y n'y avot là planté inter deux grés. — Mais chés gins y n' l'ont point gramain acouté, y z'ont eu pu quer' acourir à ch' bal din l' rue Saint-Albin, dù qu' tout l' monne qu'y v'not d' tout partout din l' ville; et même ch' n'étot point comme d'vant Tiote-Guise et Foi-d'Homme qui conduijottent ch' l'orquesse, mais quate musiciens d'chés chasseurs d'Afrique. Un a bin arringé, bin éclairé tout cha, et un a dansé timpe et tard, et y n'y avot eune masse d' gins, et j'm'attinds qu'un a bin bu assez pou faire tourner ch' moulin de ch' l'abreuvoir de l' porte d'Arras, dù ch' qu'un vot toudis des jeunés filles qui vont au matin in déjeûnant faire leu toilette et rajuster leu crinoline.

Et sans compter qu'un avot sablé chelle rue, pou qu' chés gins qui n'euchent' point tant d' ma à leus cors au pieds. Et pis y n'y avot un théâte in hauteur qu'il étot éclairé aveuc des lanternes in couleur, et pis au fond y n'y avot tout plein d' drapiaux et pis des verdures, tout comme aussi à l' porte de ch' maite Ratte. Et y faijot si caud, si caud, qu'un buvot un verre d' bière inter' chaque figure d' chelle danse, si bin qu'un povot toudis in manière d' dire faire un tiot somme inter' deux étant d'sus danse. Et tous chés gins y dansottent din chelle rue, et même des viux gins qui n'avott' pu dansé d'pis l' rintrée d' Louis Dij-Huit, et y s'dévérennottent là qu' chétot plaisi d' les vire. Y n'y avot par mille et mille gins ; j' véios là un bon viu papa et eune bonne vieille maman qui n' povottent bintôt pu l'ver leus pieds, et y faijottent incor leu menuet pou faire vir qu'y n' groulottent point. — Vo sintez bin qu'in véiant cha tout l' monne il a fait comme eusses, si bin qu' no incien capitaine in s'gond d' no dixième compagnie d' guernadiers, qu'il avot arringé sin balcon in illumination tout ch' qu'y n'y avot d' pu biau d' tous les couleurs, et qu' nos étottes là eune masse din s' mazon, no s'avons mis tertous à faire des rigodons d'eune si fameuse forche, qu'un arot juré qu' nos avotes incor vingt-chinq ans, et cha a duré tout s'qu'à bintôt minuit din tout chelle rue ; alors il a arrivé eune orée abominabe d' pleuve qu'alle a fait tirer les guettes d' tous chés gins, si bin qu'chés pauvés filles, qu'alles s'étottent mis aveuc des biaux p'tiots sorlets luijants et des bas blancs, et pis gramain aveuc des déshabiés tout blancs, des jupons tout fraî-

ches et pis des machines d'sus leus
tiétes à fleurs ou bin à rubans, y z'ont
été trimpées comme des vraies soupes,
pache qu'il arot fallu pour erconduire
à leus mazons cheusses qu'alles restott'
les pu long de l'paroisse des Wios eune
grande voiture à six qu'vas, même que
ch' cocher qu'il arot incor été obligé d'
déquinde d' sin siége pour tout les
mette d'din.

Juillet 1865.

XXXIX.

Quéques tiotes ercettes à l'coëtte. — Chés salles d'asiles d' Douai. — Sœur Catherine de l' Providence. — Ch' z'écoles d'infants d'à ch' t'heure et pis chelles d' no temps.

~~~~~~~~

Y faut vo dire qu' l'aute fo j'erchos eune lette d'un brave homme d' no ville; je ll'erwette, et comme que j' vos qu' chou qu'y n'y a d'din qu' cha peut quéque fo ête utile à chés gins, j'ai aussi quer' d' vo dire tout d' suite ch' qu'il in r'tourne :

Copère, qu'y m' dit comme cha ch' l'homme, vous qu' vos êtes un malin, si vous volez no f'rons un arring'mint : mi qu' j'ai gramain d'idées j' vo les r'pass'rai, et alors vos arring'rez cha à vo mode. J' m'attinds comme cha qu' no porons quéque fo rinde service à des gins d' nos gins ; vo véiez bin qu' din chés gazettes chet souvint à chés riches qu'un d'vise, au liu qu' nous autes chet putôt avenc chés gins à l'coëtte.

Pou qu'mincher par un d'bout, dijons un peu quéques mots d' chou qu'y faut faire pou n' point attrapper l' choléra : Premier, arringez bin vos tiotes affaires din vo cambe ; après, y faut ète bin propes, pache chés gins qui sont propes y litt'nt toudis les deux d'bouts. Si vo restez din un bas d'mazon, duch' que souvint y fait gramain humide, y faut avoir bin soin de n' point mette vo lit conte ch' mur ; cheux qui ressent din chés caves, chet incor pire. Blanquichez souvint vo mazon et dites à vo propriétaire d'arringer ch' commodité : y sont souvint trop bas, et pis, comme y n'y a point un tiot jour in haut d' chelle porte, cha pique in diabe à sin nez quand qu'un y inte. Après, souvint chelle planque à leunette alle est tout démolie et sale comme un peigne, si bin qu' chés blancs bonnets qu'y n' s'in servent point et in widiant ch' pot y z'in mettent gramain à côté. Ah! m' z'infants, croïez-me, t'nez-vous toudis bin propes, et surtout de ch' côté-là. Tant qu'à mi, j' vo dirai qu' quand qu' chés gros bonnets qu'y viennent faire leu visite, j' leu moute tout d' suite ch' cabinet là, et y m' dittent toudis : chet bin ! cha, grand'père, dites à vos vigins d'in faire autant et d' t'nir tout cha bin prope.

Incor eune aute cosse qu'a n' sint point l' musque din chés mazons : chet des biètes, et des biètes comme des thiens (qu' cha coûte à nourrir, sans compter ch'l'impôt) ; après cha chet des poules, des corbeaux, des cats, qui sont toudis d'sus chés lits ; après cha un vot din des tiotes cours des lapins, qu' cha pue à tros lieues conte l' vint d' bise.....

V'là l'hiver qu'alle arrive : n' sortez point sans avoir autour d' vous un p'tiot peu d' laine, et pernez avant d' mette vo nez à l'air eune tiote tasse d' café : mais

cha j' sais bin qu' chet inutile d' vo ll'er_
commander, et vos avez raison ; mais
chou qu'y n'est point bon, chet d'invaler
du méchant brand'vin ; pour cha, tâchez
d' vo z'in déshabituer ; chet cha qui vo
tue comme des mouques, m' z'infants,
et qui met l' diabe à vo ménage, et pis
après cha ch' z'infants y faittent comme
père et mère. Au liu d' boire la goutte
comme cha, vo f'rottes gramain miu de
l' mette din vo café, cha f'rot du gloria,
et comme cha à la bonne heure. Mi, que
j' sus si viu, j' n'ai jamais bu eune
goutte autermint, et j' m'in trouve fin
bin. Tous les jours au matin, cha n'
manque point, j' dis min tiot *Pater* et
pis après j' bos min gloria. J' sus bin sûr
d'eune cosse : si chés débitants qui vin-
d'rottent du gloria caud ou bin fro,
comme qu'y tomb'rot, tout in rindant
service à ch' z'ouverriers, y f'rottent bin
leu affaire.

Mais in v'là assez d'sus ch' gloria ;
dijons deux tros mots d'sus aute cosse.

Quéque fo j' dis inter' mi-même :

queulle différence d'à ch' t'heure aveuc d'vant pou l' soin d' chés pauves tiots infants. Quoche qu'y n'y avot pour. eusses y n'y a à ch' t'heure quarante ans? — Rien du tout, y s' débarbouïottent comme y povottent; y z'étottent pu malheureux qu' des thiens; un les vëiot din chés caves ou bin din chés cambes tout du long du jour, ni pu ni moins qu' des biettes; ch't bin tout jusse s'y z'avottent eune quemiche in plein hiver; souvint sans fu, et du pain point tout leu sou; si fait, ch' qu'y z'avottent comme y faut chétot gramain d' marniouffes et des méchantes raisons; aussi y n'y in avot comme y faut qu'y dev'nottent comme des tiots hébétés.

A ch' t'heure wettiez comme cha va! — Tout d' suite qu'y z'ont deux ans un les conduit à ch' z'asiles, dù qu' chés braves sœurs de l' Providence qu'alles sont là un n' peut point mieu aveuc chés tiots innochints. — Cha m' fait pinser à chelle bonne sœur Catherine Guéquière, qu'alle a qu'minché ch' z'asiles din

Douai, et qu'y n'y avot point d' cha nulle part à forche qu'alle étot aimabe et bonne comme du pain pou chés tiots infants, qu'y nn'étottent tertous sots à forche qu'y ll'avottent quer'.

Infin, quand qu' vous intrez din chelle grande salle à ch' z'asiles, vo véiez quéques-uns d' chés biaux p'tiots innochints, t'nus propes comme des bijoux, couchés d'sus des lits d' camp, in bos, bin intindu ; y z'ont des geaux rouges comme des puns et y ronfent' ni pu ni moins qu' des gros cats. — Si vos avanchez pu fort vo véiez d'vant vous eune masse d' tiots anges arringés rien d' miu d'sus un grand gradin. D'un côté chés garchons et d' l'aute chés tiotés filles; et pis in bas chés bonnés sœurs qui leu faittent des signes, quéque fo pou les faire parler et canter, quéque fo pou faire comme l' vint, ou bin l'orage, ou bin l' tempète ; infin, chet à mourir d' rire d' vire tout cha et pis ch' z'infants qui sont si contints. Et pis les v'là qui marchent, qui queurent, qui défilent ni pu ni moins qu' des soldats. — Mais queu patience qu'y faut pou faire faire tout cha à chés tiots infants, et sans jamais leu donner l' mitant d'eune calotte ; car, sans comparer biêtes à gins, si qu'un apprend chés thiens à faire des tours, chet à forche d' cos d' bâton ; mais chés bonnés sœurs y z'ont bin trop quer' leus tiots infants pou leu faire du ma ; à s' contintent d' les gronder tout douch'mint quand qu'y n' sont point sages, et pis chet tout. — Ch' qu'y n'y a d' pu biau din ch' l'affaire-là, chet que ch' z'infants y s'in vont contints comme des dhiux à ch' l'école, et qu' tout in leu faijant avoir du plaisi un leu z'apprind tros cosses fameus'mint bonnes pou ch' monne ichi : à obéir comme y faut, à mette leus tiotes affaires à plache, et à bin ouvrer ; in mème temps qu' pindant ch' temps-là chés mères d' famille y peuttent faire leu ouvrage tranquilles.

Ch' n'est point incor tout, copère ; cobin d' grandés madames qu'un appelle chés patronesses et qui z'ont la bonté d' v'nir vire chés asiles et fournir ch' qui manque à chés tiots mioches in habits d' toute sorte, et même qu'y leu donnent du bonbon, leu Saint-Nicolas et leu Tiot-Jésus à l' Noël.

Ah! copére, queule différence d' no temps! alors chélot eune affaire d'état d' conduire chés tiots mioches à ch' z'écoles païantes; vo s' rapp'lez bin qu'y brayottent tout haut din chés rues comme si qu'un arot volu l' z'écorcher.

Cha chet bin vrai, mais y faut tout dire; de ch' temps-là, quand que ch' z'infants qu'y n'étottent point tranquilles à l'école un leu donnot du chire d' baudet in veux-tu in v'là, si bin qu'y z'avottent peur de l'y aller.

In d'visant d' tout cha, cha m' rappelle chés cos d' règle qu' j'ai r'chus d'sus mes dots à madame Wendling din s'n école de l' rue Saint-Albin, et pis les cos d' chavatte de s' mère Madame Dernoncourt, et pis incor ses giffes d'ervers de s' main, sans compter chelle langue rouge quand qu'un bavardot d' trop et pis ch' bonnet d' sot fait comme un pain d' chuque....

Mais y faut éte jusse; pauves feimmes! que l' bon Dhiu qu'y les r'pose, ont-y eu durte à souffert aveuc des tiots polissons comme nous autes tertous !...

Par ainsi, mes gins, v'là l'affaire. Quand qu' vo tomb'rez d' passer d'sus l' paroisse des Wios, intrez hardimint din m' mazon; no buv'rons un p'tiot gloria, et pis après j' vo f'rai vire tout plein d' cosses d'sus Douai, qu' vos arez gramain d' plaisi, et cha s'ra incor méïeu marqué qu' quand qu' vos aller vire Saint-Antoine ou bin Poriginel.

Novembre 1865.

XL.

CHÉS VIUS AIRS D' DOUAI.

POT-POURRI.

(Souv'nir d' no jeune temps).

Air : *Rendez-lui son petit chapeau.*

Mes bons amis, nous sommes en vacances,
Chassons bien loin les soins et les soucis.
Rappelons-nous ces jours où notre enfance
S'écoulait pleine et de jeux et de ris.
    Recherchons de notre Douai
    Les vieilles chansonnettes
    Malignes, mignonnettes.
    Recherchons de notre Douai
    Refrains si gentils et si gais.   (*bis*)

Air : *Partant pour la Syrie.*

Avez-vous souvenance,
Amis, du premier chant,
Qu'aux jours de votre enfance
Vous dites en jouant ?
Sous l'œil de votre mère,
Au seuil de la maison,
Votre voix douce et claire
S'égayait sur ce ton :

Au château de Madame là, là,
Au château de Madame...
T'aras pas mes gambons, mes gambettes,
T'aras pas mes gambons...

Même air.

Et puis formant la chaîne,
Marchant à reculons,
On s'éloigne, on s'entraine,
Modulant ses chansons ;
Sans connaître l'histoire
Du noble paladin,
On redit la mémoire
Du grand tournoi d'Anchin :

— *Sommes-nous loin assez,*
Rouge pan, joli pan;
Sommes-nous loin assez,
Preux chevaliers ?
— *Encore un petit pas plus loin,*
La violette,
La barbarette,
La fleur du muguet.
— *Détalez !!!*

Air : *J'ai trois amants de guerre.*

Dites-moi quand dans la ville
La jeune fille de Sin
De sa voix pure et gentille
Chante au printemps, le matin :

Faut-y des biaux p'tiots jaunes rémolas ?

Toujours gamin qui la guette
Répond-il sur même ton :

Te baj'ras min c.., y n' te mord'ra pas!

Et la pudique fillette
Riposte-t-elle...

Polisson !...

Air : *Du bon Frère Etienne.*

On m'a dit que la police,
N' voulant plus d' ces cris joyeux,
Trainait devant la justice
Propos de nos gais aïeux :
Il est défendu de rire
Au nom de la liberté ;
Hélas ! on devient bien pire
Quand on n'a plus de gaîté.

Air : *Riche imprudent.*

Quand près de lui le vieil ivrogne passe,
Pauvre gamin reste silencieux ;
N'osant plus même faire la grimace
Au païsan qui trébuche à ses yeux.
Sous l'uniforme de l'agent de police
La liberté protége le riboteur,
Et le gamin, rengaînant sa malice,
Chante tout bas, tout bas, car il a peur :

Tiens-te bin, te vas quéïr,
Si te qués, te qués din l' b... !..
T'as bu d' l'anisette,
T'es sou comme cune biette,
T'as bu du brand'vin,
T'es sou comme un thien !...

Air : *L'autre jour en cueillant l'oseille.*

On a jusqu'à dans notre fête
Supprimé le vieux jeu d'ogeon ;
Qui donc a pu se mettre en tête
Qu' ce jeu donnait mauvaise leçon ?
   Ah ! que j'aimais la musique
   De c' vieil air du temps passé :

Air : *Du carillon de Saint-Pierre.*

Tra la la
la la
la la la
la la
la la la
la la la la la la la la ;
Tra la la
la la
la la la
la la
la la la la la
la la lèvère.

Et puis ce cri frénétique :
Tape !... à droite ! à gauche !...
Répété de tous cotés :
Nous avons gagné l'ogeon !
Ran plan plan, tire-li ran plan ;
Nous avons gagné l'ogeon !
Ran plan plan, tire-lire.

Air : *T'en souviens-tu ;*

Où sont-ils donc, ces airs qu'en notre enfance
Nous entendions quand r'v'nait la Saint-Jean?
Au lieu d'être des hommes d'importance,
Les bons gamins s'attroupaient répétant :
 Saint Jean il a quéiu din l'iau,
  Saint Pierre y ll'a ramassé ;
Un p'tiot morciau d' bos pou l' récauffer :
  Y tronne !!!
Il est bien vrai qu'ils passaient la mesure
En chansonnant qui donnait un refus :
 — *Voulez-vous vous en-aller, p'tits*
    polissons !
 — *Wette, alle est soule !!!*
En maugréant par de joyeux murmures,
Ils étaient gais, ils n'étaient rien de plus.

Air : *De la sentinelle.*

Rappellerai-je au jour du Carnaval
Nos pimperlots parcourant chaque rue,
Leur singe en main, sur un char triomphal,
Et sermonant l'union dissolue ;
Redites-moi donc ces accents frivoles
Qui fustigeaient tous les mauvais époux
Quand ils disaient...

Au nom du fi, du pomon z'et du radis.

Un fait savoir à tous chés gins de l' ville d' Douai qui faittent méchant ménage, que ch' Singe qui va leu z'ête porté sans faute pindant chés Carnevals par no Société d' chés Pimperlots ; et surtout qu'y n' manquent point de s' présinter tertous à leus portes quand qu'y z'intindront crier leus noms, pou faire un biau salut et pis cune baise à ch' Singe in li jurant de n' pu n'in prinde des si fameusés pronnes, ou bin de n' pu buquer leus femmes ; — et pis chés femmes de n' pu griffer leus hommes et d' faire leu soupe tranquilles din leus mazons, putôt que d' s'in aller aveuc leus commères boire des tasses d' café et pis des gouttes après au liu qu' d'ermette quéques pièches à l' culotte d' leus hommes qu' leu qu'miche qu'alle dépasse, et pis eusses mêmes qu'un vot leus peun'tièrcs par drière in travers d' leus bas tout troés.

Par ainsi, qu' chelle musique qu'alle juche un air, qu'un donne un co d' cachoire à chés qu'vas, et in avant !...

2

Ces accents étaient drôles,
Mais de nos jours les hommes sont-ils moins
[fous ?

Air : *Du bon roi Dagobert.*

Jouez, chantez, enfants,
Soyez gais et réjouissants;
Gaîté fait bien au cœur
Et conserve paix et bonheur.
Et si quelquefois
Je vous aperçois
Assemblés, unis comme de bons amis,
J'irais fort volontiers
Avec vous, comme vous, chanter :

Rond, rond, d' Sainte-Anne au gué !
Noter' Dame est à baudet;
Est-y drot ou bin tortu ?

— Il est drot.

— T'as minti,
Carabi;
Thiète d'un sot,
Carabo !
Il a des gambes comme des fêtus,
Et des cloquettes s'qu'à l'tro d' sin ...

XLI.

EUNE TIOTE PROMENADE DIN DOUAI.

Y faut vo dire qu'je n'sus point gramain d'bonne humeur aujord'hui. Après cha, un vot din Douai des si drôles de cosses que ch' n'est point étonnant qu'un groul'rot.

L'aute jour, qu'y n'y avot longtemps qu'j'avos point pouvu mette min nez à l'air, j'm'in va d'sus ch'rempart, et arrivé tout au d'bout d'chelle nouvelle rue dù qu'chétot d'vant l'Abbaye-des-Près, quoche que j'vos? Un avot bin l'front d'ercouvert in palle ch'magasin au fourrage que v'là deux fos qui brûle tout d'suite, ni pu ni moins qu'si n'y avot point des lois si vielles qu'Mathiu-Salé qui défindent d'faire cha dins chés villes, et même que ch'préfet qu'il a défindu d'ercouvert tout partout comme cha din no départemint. — Ah! cha, que j'dijos in mi-même in erwettiant cha, ch'co ichi chés gins y d'viennent sots bin sûr! Un est ichi à deux pas de ch'magasin à poude qu'un a eu si peur qu'y saute chés deux fos qu'y n'y a eu du fu à ch'magasin au fourrage, et pis à ch't'heure, pou qu'cha prinche miu et pu vite, un ercouve in palle!.. Y n'y a pu d'bon sens tout d'même!...

J'm'in r'va tout d'suite in barbotant tout du long d'min qu'min, si bin qu'tout l'journée, j'trouvos tout d'travers, — même s'qu'à chés mazons nouvelles qui n'sont point à leu align'mint, — ou bin chés rues pavées aveuc des grés pu pointus qu'eune épingue, — ou bin chés trottoirs qui quettent in démolition et dù qu'un prin des bïets d'parterre à tout co, ou bin dù qu'chés durïons et chés cors aux pieds qui z'ont si durte à souffert ; — ou bin in acoutant ch'din-don de ch'carïon pou sonner l'heure à l'ville, qui rimplache l'aute qui n'va pu pache qu'un a vindu ch'tambour d'carïon in même temps qu'no vielle horloge : au fait, in parlant d'cha, un n'a peut-ête point eu tous les torts du monne, quand qu'un pinse qu'y n'y a incor din ch'momint ichi din l'cour de ch'cloquer, grande comme min tablier, deux grosses cloques de ch'carïon qu'un a dépindues sans pu d'gêne, pache qu'un nn'a eu d'besoin à l'comédie, et qu'un n'a même point pris l'peine d'aller les r'mette à plache à ch'cloquer, si bin que ch'pauve carïonneux, qu'à Gayant passé j'dijos in mi-même qu'chétot un arlant d'carïonner si faux, qu'je n'savos point que ch' pauvre homme qu'y n'in pouvot point si un v'not li prinde ses cloques pou juer à l'comédie. — Pour peu qu'cha continue, un ira bintôt prinde chés tapis din l'commune ou bin décrocher chés lusses quand qu'un nn'ara d'besoin din s'mazon. Piche qu'un a si bel, un s'rot bin biête de s'gêner.

2..

Cha n'impêche point qu'nous avons toudis deux cadrans d'no cloquer de l'ville dù ch'qu'un vot l'heure tout l'nuit, et deux autes dù qu'un n'vot rien du tout. Chet toudis deux fos sept becs d'gaz d'gagnés, sinon bin qu'un mettrot par chi par là un bec d'pu din d'z'indrots dù qu'chés rues qu'y n'y in a tout jusse un bec à chaque debout, incor n'les vot-on point, si bin qu'un n'sarot pu passer au soir sans vire à continuer des r'ligieuses d'rempart qu'alles sont là tout du long d'chés murs, aveuc des soudarts, quéque fo qu'alles arottent peur : couïonnate à part, ch'n'est point toudis trop prope ! Et j'vot'ros bin d' bon cœur quéques becs par chi par là pou qu'chés gaïards-là qui s'in aillent un peu pu long. Surtout quand qu'un a d'z'infants, et y n'y minque point d'no côté, ch'n'est point trop régalant. Par ainsi, j'espère qu'un y f'ra attintion.

No parlotes d't'à-l'heure d'pavés : tout du moins, à l'intrée de l'ville pa l'porte d'Equerchin et din l'rue de ch'

Magasin à Poude, y n'y a point d'danger de s'faire d'ma à ses pieds ; un arot putôt peur d'ête noïé pa l'pleuve, à forche qu'y n'y a là eune bédoule comme in plein mitant du pu méchant village d'Bertanne ; vo n'avez jamais vu cha d'vo vie. Eune fo j'véïos là d'z'étrangers qui faijottent Jésusse-Maria in crwettiant eune cosse parelle din eune ville comme Douai.— Pourtant y faut ête jusse : v'là toudis bin eune dijaine d'fos qu'un vot là tout du long des monts d'grés, assez pou bosculer Paris, et pis un vot quéque fo aussi des gins aveuc des leunettes din leu main comme si qu'y s'rottent là pou prinde mesure : mais, n'vo gênez point; par un biau jour vo véïez arriver des baroux qui z'inlièvent tout l'boutique d'grès, et pis, bernique ! vo v'là incor broïés pou chelle fo ichi. — Infin, y faut toudis espérer qu'un jour ou l'aute un aura pitié des guiboles d'chés gins, et qu'un mettra là in attindant d'z'escarbilles pou l'z'impêcher de s'casser les reins din chés bas-fonds qu'y n'y a là tout partout. — Tout du moins d'chelle manière-là, l'intrée d'eune des pu belles portes de Douai et chés rues d'à-côté y s'ront toudis aussi crânes que ch'quemin des Ecorcheux, dù qu'din l'temps qu'un j'tot chés thiens morts et qu'un dépouïot chés qu'vas morveux.

J'aros incor bin des cosses à vo dire, comme chelle rivière tout vis-à-vis ch' l'égliche Saint-Jacques, qu'un raccommode toudis chés briques qui quettent de ch'tiot mur, putôt qué d'mette eune voûte d'sus tout cha, même par eune belle fo qu'un ara un malheur par tous chés garchonnals qui courent toudis d'sus ch'tiot mur risque à quéir din l'iau; et pis incor tout plein d'affaires; mais acoutez incor chelle-chi :

L'aute jour j'étos allé à ch'quemin d'fier au d'vant d'un camarade; y n'étot point aveuc mi d'dix minutes qu'y m'dijot : — Pou la sainte amour de Dhiu, quoche qu'un fait ichi ? Et in dijant cha y s'ertournot d'sus un pignon d'mazon fait tout pur in planques, absolumint comme si qu'chétot l'barraque d'Saint-Antoine ? — Mi j'erwette, et comme j'étos fin honteux d'vire cha din Douai, j'fais simblant dé rien, et j'réponds à ch'l'homme qu'bin sûr qu'chet quette cosse qu'un ara monté là pou faire vire l'lanterne magique, d'manière qu'min compagnon qu'il a invalé chelle carotte-là sans faire attintion. — Mais mi j'biscos in mi-même et je m'dijos : pourtant, si j'sais incor mes lettes, y n'y a un tiot règlement de l'ville qui n'est point d'aujord'hui, et qui défind à tous chés gins d'faire des pignons in planques, même qu'y faut qu'y z'euchent eune brique et d'mi.. Mais après cha, comme j'vo dijos, un s'rot bin biète de s'gêner : quand qu'un vot ch'magasin au fourrage, tout près d'un magasin à poude, couvert d'palle, et qu'un l'laiche faire, je n'vos point pourquoi qu'un n'pourrot point faire l'pignon de s'mazon in bos. — Courage, mes gins, courage ! continuez comme cha, et din deux tros ans d'ichi, au liu d'ramoner tous les deux tros jours (malgré qu'chelle cloque pou l'ramonage qu'alle sonne à ch't'heure au matin avant que l'diabe euche mis ses culottes), d'inl'ver chés monts eune fo par semaine din d'certaines rues (quand qu'un n'l'oublie point) et d'arracher ch'z'herbes eune fo tous l'z'ans à Gayant, y n'faut point désespérer d'vire bintôt, comme din l'temps qu'il est mis d'sus chés viux papiers, qu'chés pourchiaux qui z'avottent leu domicile din tous chés rues et qui trouvottent leu nourriture d'sus tous chés monts....

Je n'peux point faire autermint que d'vo dire quéques mots d'chelle belle fiête qu'un a fait din no grande salle de l'commune, dù que l'semaine passée tous chés gins qui z'accourottent d'tous les côtés, même d'bin long d'ichi, et sans compter, inter nous soit dit, qu'y faudrot aller bin long pou vire eune cosse parelle, qu'un arot juré chés mille et eune nuits, même qu'tous ch'z'étrangers qu'y baïottent tout bleu et qui dijottent qu'y n'avottent jamais rien vu d'si bin arringé, sinon din Paris.

Vo véïottes là des glaches d'tous les côtés, des fleurs, d'z'abres comme en plein mitant d'l'été, et tous ch'z'orne-mints un n'peut point pu biaux, et tout chelle jeunesse d'Douai et d'tout partout in grande tenue, et tous chés dames pu brïantes qu'des solels, et si belles qu'des syrènes, et même pu belles, attindu qu'a n'portent point d'queues d'pichons. Din l'fond y n'y avot eune fontaine qu'alle bruïchot tout douch'mint ni pu ni moins que ch'*Mann'quipisse* d'Bruxelles. — Un a bel à dire, mais ch'maite Courmont à li l'coq tout d'même : chet à li à faire !..

Seul'mint, ichi un p'tiot mot. Comme j'pale toudis comme saint Paul, m'bouque ouverte, y faut qu'j'ercommande eune aute fo à eune coupe d'ouverriers qui n'faijottent point gramain attintion, de n'pu mette des clos din l'drière d'Mars, ni des cordiaux din l'figure d' Vénus tout in haut d'chés colonnes d' chelle belle salle, pache que ch'pauve Mars un arot juré d'in bas qu'il avot les poquettes, et Vénus alle portot eune berlaffe d'sus s'jo qu'un arot juré Duguesclin après chelle crâne batalle qu'vo savez bin. — Et pis, ch'n'est point tout, qu'min ch'qu'un va raccommoder tout ch'plâte à fleurage qu'y z'ont fait quéïr par thierre, et pis chés bellés banquettes qu'un bosculot comme deux doubes d'bure, même qu'y n'y in a quéques z'eunes d'tout dégriffées. — Ainsi, mes gins, eune aute fo, faites un p'tiot peu pu attintion à tous chés bellés cosses de l'commune : y n'y a rire et rire, mais ...faire comme cha ch'n'est pu rire.

A propos! din ch'salon blanc, vo parlez comme tous chés tricheux à ch'ju d'cartes qui z'étottent attrapés ! Un avot inl'vé tous chés bellés glaches pou les mette din chelle grande salle, d'manière qu'un n'povot pu r'wetthier à travers l'ju d'sin voisin. Cha n'impêche point qu'y va toudis bin qu'un nn'a point cassé eune coupe in les déménageant.

Au matin, j'avos passé tout vis-à-vis l'commune, et j'véïos là d'z'ouverriers

qui z'ouvrottent d'vant chelle grand'
porte, et qui clouottent des planques qu'
cha avot l'air d'eune barraque à peun'-
tières frites. — Quoche vo faites là, mes
gins, que j'leu demande ? — Chet eune
marquise, ch'maite, qui m'dittent. — Vo
sintez bin que j'm'ai mis à rire à t'nir
m'panche. Et tout in m'in allant je m'
dijos : Pourtant si un arot mis sin bec in
d'z'ous de s'n aîle et n'point toudis bla-
guer comme des pies sans savoir ch'
qu'un touïot, un arot à ch't'heure tout
l'commune finie, et un n's'rot point
obligé d'faire eune barraque parelle,
qu'a n'a ni rime ni bon sins ! — Mais din
Douai chet comme cha : quand qu'y n'y
a un homme capabe, qui s'échine l'tem-
pérament à imbellir chelle ville, à bâtir
d'z'affaires qu'un fait vire aveuc plaisi à
ch'z'étrangers, v'là qu'un crie, v'là qu'un
racrie ! cha coûtera chi ! cha coûtera là !.
Allez, croïez-me, laichez faire chés gins
qui savent quoi, et vo voirez qu'tout ira
bin...

mars 1864.

XLII.

EUNE FIÊTE DIN DOUAI.

A l'Boucherie. — D'sus la Place. — Din l'rue d'Obled.

—◆◈◆—

Quand qu' j'étos tiot, et qu' j'allos à l'école d'Madame Wendling, din l'rue Saint-Albin (que l'bon Dhiu ll'erposse, chelle brave femme !) à m'dijot comme cha : Acoute, min tiot, y faut toudis ête bin sage, pache, te vos bin, quand qu'un est sage, l' z'autes y faittent aussi tout d'même, attindu qu'un fait toudis ch' qu'un vot faire. Mi j'acoutos cha fin bin, et j'faijos min possibe : mais chétot pu fort qu'mi-même, un arot juré du vifargint, si bin qu'au liu d'avoir un tiot bâton d'culisse d'anis, ou bin un morciau d'pain-n'épice récauffé din l'poche d'cotron d'Madame Dernoncourt, (qu'chétot l'mère d'no vieille maitresse d'école), no z'attrapotes delle règle d'sus nos dots, des giffes à vire pu d'trinte candelles, des cos d'chavatte d'Madame Dernoncourt, et pis ch'bonnet d'sot et l'lanque rouge...

Mais chet point cha que j'volos dire : vo s'rapp'lez bin l' diminche d'après Gayant qu'y n'y avot eu eune fiête din l'paroisse des Wios, même qu'tous chés gins de l'ville qu'y z'avottent déquindu d'no côté ; eh bin, v'là hier qu'chéux de ch'z'autes quartiers qu'y z'ont volu aussi faire fiête, et y z'ont justemint queusi tous nos jus de d'vant, si non bin ch'ju d'pains français qu'un a fait din l'Boucherie, du ch'qu'un véïot des garchonnals qui sautottent après un tiot pain pindu par eune fichelle, du ch' qu'un avot tiré tout ch'mi pou mette du chirot, si bin qu' quand ch' ti-là qu'il avot mingé l'bas de ch'pain, tout ch'chirot y guilot d'sus sin minton et tout du long de s'blouse, et après, ch' pain y quéïot par thierre, et ch'garchon y s'couquot tout sin long pou l'minger, et ch'ti qu'il a eu fini l'premier il avot ch' prix. Cheux de l'Boucherie y z'avottent fait aussi un mât d'cocagne.

D'sus la Place, y n'y avot un ju d'ogeon et pis un ju d'ménète. Par exempe, ch' l'ogeon un li a poché l'pipi avant d'comincher ch'ju ; mais y n'y in avot là pu noirs qu' des fouans, même un garchon qu'il avot ôté s'quemiche et mis à l'peinture tout sin corps aveuc de l'suie, et pis un grand'père et eune grand'mère qui z'étottent d'eune fraîcheur r'marquabe (pou leu âge...) — Quoche que vo z'arotes dit, min brave prince *Ménart*, président de ch'ju d'ogeon de l'rue Saint-Albin, si vo z'arotes été là, aveuc vo belle société, tout vis-à-vis de l'*Brique*, tout habïée in blanc squ'à ses sorlets, aveuc des patalons larques comme chés mam'loucks, eune tiote vesse ronde et eune espèce

d'képi bleu aveuc un pleumet blanc au
d'bout, et d'sus l'côté de ch'capiau y n'y
avot un mouchot blanc qui déquindot
s'qu'à s'n orelle ; après cha vo z'avottes
tertous din vo main un sabe, et in arri-
vant, ch'tambour in avant, vo défilotes
tout à l'intour de ch'l'ogcon... Et après
ch'ju vous rintrottes tertous din l'cour
d'Mosieu D'gouve d'Nuncques, ch'con-
seïer à l'Cour d'Douai, qu'il étot aussi
marguïer de l'paroisse Saint-Jacques, et
pis incor qu'y faijot partie d' chelle
cambe d'députés à Paris, et y n'y avot
toudis là eune tonne d'bière à boire
pour tout vo société, comme aussi à
l'Saint-Louis dù ch'qu'y faijot porter de
s'mazon din chés rues d'Douai, au soir,
d'sus un brancard bin arringé, un grand
buste d'Louis XVIII, et qu'y n'y avot
eune masse d'monne... Un dirot qu'je
l'vos incor, ch'brave Mosieu d'Nuncques,
aveuc ses leunettes in or, v'nir d'sus
l'pas de l'grand'porte de s'mazon (qu'
chétot tout vis-à-vis ch'cabaret de *l'Bri-
que*), pou vire in-aller ch'cortége, à

forche qu'il étot cotint d'vire tous chés gins qu'il avot régalés comme y faut, et pis incor eune masse d'autes qui z'étottent accourus d'tous chés rues d'no ville, crier pu d'mille fos : Vive no Roi !..

R'venons à nos moutons...

Mais y faut tout dire, hier s'y n'y avot qu'un sabe pour tous chés jueux d'ogeon, y copot toudis bin, grâce à ch'l'homme qui s'avot mis à deux genoux pou l'réguiser comme y faut d'sus ch'pavé.
— Infin, v'là ch'l'ogcon gagné ; après cha ch'ju d'ménète il a qu'minché, et sans compter qu'cha fait diabelmint du bien quand qu'vo nn'avez eune tiote pronne, d'erchevoir chinq six bons séïaux d'iau d'sus vos reins.

A ch't'heure, allons faire un tiot tour din l'rue d'Obled ; chet là qu'chelle rue qu'alle étot l'miu arringée, et y n'y avot ju d'aniaux pou ch'z'infants, mât d'cocagne à ch'Cornet, et ju d'cisiaux pou chés femmes. — In r'wettiant cha j' busios in mi-même à tous chés gins d'din l'temps, et y z'arottent bin eu du plaisi si z'arottent vu tout ch' l'animation et pis chés *mais* à chés portes, et tous chés tabes tout du long de ch'trottoir, dù qu'chelle bière qu'alle coulot comme d'l'iau... V'là chelle fiête qu'alle cominche, et *Bertrand* qu'il arrive, aveuc s'figure toute inluminée, sin capiau défoncé, s'capote et sin patalon gris et pis des grands cols d'quemiche qu'un arot juré un anglais; y marchot bravemint in tiête, aveuc sin violon du ch'qu'y faijot des rigodons, et deux gins qui l'suivottent habïës comme du temps passé : madame *Lagarine* et madame *Casaque*, qui faijottent ch'l'homme et pis chelle femme, et qui dansottent in m'sure; et sans compter qu'chelle femme qu'alle donne ch'co d'cisiau à ch'ju aveuc eune grâce sans parelle, si bin qu'alle a copé ch' cordiau, et alle a gagné eune paire d'bas...

Je n'peux point vo dire tout ch'qui s'a passé din chelle rue et din tous chés cabarets, mais ch'que j'sais bin chet qu'y n'y in avot jolimint qu'y nn'avottent des bottes et des culottes, et pis, comme un dit din l'rue d'Obled, des tartennes tout du long de ch'pain... Mais y faut ête jusse, un a qu'minché par aller boire à eune tabe in plein rue Saint-Eloi, et y s'flutot là des verres à l'bière plein d'vin in veux-tu in v'là, du café sans chicorée et des tiots verres d'chénic, que j'm'attinds qu'un a bu assez d'tout cha hier din Douai pou faire tourner ch'moulin à poude. J'véios là *Bertrand* monté d'sus chelle grande tabe de l'rue Saint-Eloi, qui suot des gouttes comme des pos, et qui cantot *du Café* et *Gayant* qu'tous chés gins qui li répondottent in chœur. Mais tout cha chétôt rien auprès de ch' bal de ch'Cornet de l'rue d'Obled, dù ch'qu'y n'y avôt six musiciens d'chés chasseurs d'Afrique, qu'leu musique qu'alle faijot faire des pirouettes qu'y fallot vire à tous chés filles, si bin qu' chés garchons qu'y z'étottent forchés de s'mette à bras nus pou n'in v'nir à bout... Et un dansot, et un polkot, et un valsot : j'véios là eune belle grande fille qu'alle tenot sin bibi in larque din ses deux mains, et alle faijot toudis bic-bac, bic-bac, in s'dandinant qu'un arot juré l'balancier d'eune horloge, si bin qu'y li fallot eune plache du diabe ; aussi j'n'ai point été surpris de l'vire allonger un bon rongnon à un garchonnal qu'il avot eu l'malheur d'passer trop près d'mem'zelle, et a li a flanqué cha in l'vant sin pied si raide qu'incor un p'tiot peu alle faijot l'équeumette...

R'venons d'sus la Place, dù ch'qu'y n'y avot eune masse d'monne qu'il accourot pou vire ch'fu d'joie qu'chétot fin biau, et tous chés gins y z'ont rintré din leu mazon à onze heures par nuit, sinon bin l'rue d'Obled qu'alle a dansé tout s'qu'à eune heure au matin.

J'vo dis adhiu sans adhiu.

5 septembre 1865.

XLIII.

L' fiète de ch' z'Incas à Valenciennes.

Eh bin ! m' z'infants, ch' co ichi ch' n'est point dés p'tiots jus. In v'là eune d' fiète ! j'in sus incor tout ébloui d'avoir vu tous chés bellés cosses in or, in argint, in toute sorte qu'y n'y in avot par mille et par mille.

Avant l' fiête, un d' mes braves camarades d' Douai, qui resse à Valenciennes, y m'avot invité, et y m' dijot : « Y vo faut absolumint viré cha ; j'in
» raque min cœur et min filet, d'après
» tout chou que j' vos et qu' j'intinds,
» jamais d' la vie, ed'pis que l' monne
» qu'il est monne, un n'ara vu cha. »

Cha n'a point manqué. Y fallot vire

ch'z' Incas et pis ch' Inthiens qui s' prom'nottent l' canne à leu main tertous insonne pas chés rues sans rien dire à personne, tout comme des raintiers, aveuc leus biaux habits dorés in or et in argint, comme un l' dijot din ch'tiot live dù ch' qu'un véïot ch' qu'il allot s' passer din Valenciennes. Un les véïot habïés, cheux-chi in sauvaches, cheusses-là in cavaïers du viu temps, d' z'autes in soudarts ed' tous les nations, et pis des rois, d' z'évêques, des curés, des clairchonnets. Et faites bin attintion, y n' faut point dire : j'ai vu tout cha à Douai quaint qu'un fait Philippe-l'-Bon ou bin Jean-sans-Peur, qu'un vot des si bellés cosses ; non, chet point tout cha, chet aute cosse. — Un intindot des tambours aveuc des chiflotiots qui juottent l'air d' monsieur Dumollet, comme qui juot din l'temps *Gras-d'Huile* à ch' ju d'ogeon, et pis ch' l'air *rran pli pli, rran pli pli*, et pis pu d' vingt musiques qui z'étottent habïées comme du temps passé et qui juottent des vius airs qui rapp'lottent no jeune temps, quand que ch'maîte *Monplaisir* et pis gramain d'autes qui juottent à Douai de l'musique aveuc des grandes bottes et pis d'z'oupettes q'un dijot qu'chétot des bottes à Souvaroffe. Après vo véïottes chés chars fin bin inmarjolés ; mais avant tout cha y n'y avot l'bœuf Apis qui portot l'imitant d'la lune d'sus l'côté et des cornes d'sus s'tiête d'or,

In haut de ch' premier char un véïot Sésostris, et in d'zous d'li quate gins couqués comme quand no juottes din l'temps à *canne-canido*, et pis li pa d'sus. — J'm'attinds qui d'vottent là avoir diabelmint d'ma à leus reins.

A ch' deuxième char un véïot tout in haut Moïse qui flanquot un bon rongnion à ch'viau d'or et pis qui mettot sin pied d'sus. Il avot eune belle perruque blanque et pis eune vergue din s'main pou qu'chés Juifs qui n'robollent point.

A ch' trosième char thet Cyrus qu'il est in haut ; à ch' quatrième un vot Alexandé-l'-Grand quand qu'il introt à

4

Babylone, et à ch'ti d'après Augusse, qui s'in va faire un tiot tour à ch'Capitole.

Après un vot Saint Paul tout in haut d'un rocher, et pis Charlemagne aveuc chés douze pairs d'France.

Pu long, chet l'char de ch'z'Arabes. Chet là qu'un vot ch' maîte Haroum-al-Raschid qui fait un somme couqué su s'n oréïer, et deux tros nèques à côté d'li qui chassent chés mouques aveuc d'éventals in queue d'paon.

Après chet ch' char d'chés Croisades. Un vot tout in haut Godefroi d'Bouillon et tout plein d'seigneurs de ch' temps-là, et pis Pierre Lhermite aveuc s'bannière.

Après, un vot l'bannière d'Saint-Gille, qu'chet l'patron d'Valenciennes, et pis ch'z'éch'vins de ch'temps-là aveuc des soudards et pis un biau char qu'un jurerot din l'temps l'prijon de l'ville, et pis chés sonneux et chés guetteux, et pis incor chés porteux d'fallots.

Ch'co ichi, v'là Jeanne d'Arc à queva, aveuc s'bannière, et pis Dunois, Lahire et pis incor un aute, tertous bin habïés.

L'char d'après chet un biau vaisseau aveuc tous chés gins et tous chés cosses qu'y faut d'din, et pis tout in haut Christophe Colomb, ch'ti qu'il a découvert l'Amérique.

Après chet l'char de ch' z'Incas, qu' tous chés gins qu'y z'étottent fin contins, à forche qu'y z'étottent bin habïés, et surtout d'vire tout in haut ch'viu Inca qu'il étot là quand qu'chelle société qu'alle a qu'minché din Valenciennes, y n'y a à ch't'heure quarante ans.

Après un véïot un char aveuc eune ribanbelle d'chinois d'pis in haut s'qu'in bas et des cloquettes par chi par là et tout partout.

Ch'char d'après chétot ch'ti d'l'imprimerie : un véïot là Guttemberg, ch'ti qu'il a inventé chelle fameuse affaire-là, et tous ch'z'anciens imprimeurs dé d'vant, d'y n'y a à ch't'heure tout près de quate chints ans, et qu'de ch'temps-là tous ch'z'imprimeurs qu'y portottent des robes tout brodées in or et in argint et que ch'l'empereur Frédéric III in 1470 y l'z'avot fait tertous intrer din l'noblesse, même qu'chés compositeurs qu'y z'avottent pou leus armes eune aigle et ch'z'imprimeurs un griffon, aveuc un tampon din leus serres, et pis un casque et eune couronne pa d'sus.

L'char d'après chet Léon X ch'pape, qu'il est tout in haut, et tout à l'intour d'li tous chés fameux artisses qu'y protégeot din l'monne tout intier ; un véïot là no fameux sculpteur d'Douai Jean-de-Bologne.

Je n'peux point vo dire tout ch'cortége, je nn'arros tout s'qu'à d'main au soir, attindu qu'y n'y avot deux mille gins. Vo véïottes Richelieu din eune voiture in or, et après un r'présintot chés biaux costumes qu'y n'y avot din l'temps d'Louis XIV (qu'il avot un char tout ch'qu'y n'y a d'biau), d'Louis XV et pis d'Louis XVI ; après chet Lafayette aveuc sin qu'va tout blanc et ses volontaires, et pis l'République, et pis l'arc d'triomphe d' l'Etoile à Paris, qu'un vot après tous les vius de la vieille, et pis tout d'un co un prind s'nescousse, et un arrive à ch'char dù ch'qu'un vot tous ch'z'ambassadeurs d'l'Europe qui z'étottent là qui d'visottent pou qu'chés gins qui n'se tuttent pas à co d'canon, d'sabe et pis d'fusil. — Sans compter qu'cha s'rot fin biau, mais in attindant chet pas cha s'qu'à ch't'heure. — Comme de jusse, ch'n'est point la faute d'chés braves gins d'Valenciennes, qui no z'ont fait là eune fiète qu'y n'y a point d'cha.

J'espère bin qu'un va prinde mors aux dents à Douai pou faire eune fameuse fiète historique ichi, et pis incor aute cosse bin attindu, et des jus in veux-tu in v'là, pou l'année prochaine, qu'chet l'deux chintième anniversaire d'l'intrée d'chés braves Français à Douai, din l'temps de ch'grand Louis XIV, que ch'nn'étot un si crâne qu'din mille ans d'ichi qu'un in parl'ra incor.

In attindant l'année prochaine, cuijons toudis no gambon pou Gayant ch'l'année ichi, qu'chet bintôt et qu'nous arons incor un fameux plaisi d'erchevoir tous

4..

ch'z'étrangers qui vont v'nir no vire et minger aveuc nous chés tartes et chés gâtiaux, sans compter quéques bons verres de ch'qu'y n'y a drière chés fagots, qu'cha n'gâte rien à l'affaire.

Juin 1866.

XLIV.

L'Fiète d'Gayant in 1866. — Ch'l'ertraite à l'candelle.—L'famille d'Gayant.—Chés jus.—Ch'muséum. — Chés barraques. — Ch'chirque. — M. Loramus. — L'musique d'chés Guides d'Bruxelles-in-Brabant.— Ch'l'esposition de ch'z'Amis des Arts.— — Chés biaux portraits d'nos Comtes d'Flandre. — Chelle grande fiète des Wios-Saint-Albin pou l'erbond d'Gayant. L'rue Saint-Albin et pis l'rue d'Ocre bin arrangées, et pis incor aute cosse.

Allons, véïons ! chelle fo ichi y n'y a point d'contes, no z'avons eu un biau Gayant. — L'velle chétot eune ertraite dù qu'deux musiques qu'y z'étottent, chés chasseurs et ch'z'artïeurs aveuc des soudarts qui portent des fallots, et pis des calonniers à qu'va qui z'étottent là aveuc des lanternes au d'bout d'un bâton din leus mains d'couleur. Chétot fin biau; y z'ont été din gramain d'rues, et tous chés gins y suivottent in criant : *vive Douai ! vive Gayant !* Et cha faijot un fameux plaisi, si bin que d'sus les onze heures tous chés gins y sont partis couquer. — L'lindemain à dij heures, v'là Gayant, aveuc s'femme et ses infants, qui parte de ch'Muséum et qui s'in va din tous chés rues, et chés gins y z'accourottent d'tout partout pou li apporter des chopes in veux-tu in v'là, à forche qu'y faijot caud, si bin qu'grand-père qu'il étot fin contint.

Quand l'grosse cloque qu'alle a eu sonné comme y faut ainsi que ch'carïon, tous chés jus y z'ont qu'minché, et y n'y in avot cune masse. Comptez un peu d'sus vos dots : Tir à l'ogiau, ju d'arc, tir à l'flêchette, ju d'balle, ju d'bïon, danseux d'sus corde à ch'Barlet, bals, concert, mâts d'Cocagne, fiête d'soldats à qu'va à ch'Barlet, carrousel... Après, chet ch' Muséum, qu'y est fin biau ch' l'année ichi, et dù qu'chelle commission qu'alle a eu gramain d'esprit d'mette d'sus chés tableaux l'nom de ch'ti qu'y l'z'avot faits et pis l'année aussi. Je n' peux poin faire autermint aussi que d' faire min complimint à ch'ti qu'il a fait arringer ch'gardin : à la bonne heure au moins, ch'l'année ichi j'm'y intinds; avant un véïot des méchantes herbes tout partout et des wios si grands qu' din l'temps din ch'chimetière Saint-Albin, et aujourd'hui v'là un gardin bin soigné ; j'vodros bin in dire autant de ch'parterre tout vis-à-vis l'école d'chés frères de l'plache Saint-Nicolas... Espérons qu'un finira par coper chés méchantes herbes et arringer cha propermint; sans cha y n'valot point la peine d'faire un biau griage tout in fier pou ch'l'affaire-là.

A Gayant no z'avons eu eune masse d'barraques à ch'Barlet : chétot d'z'hercules, eune grosse femme qu'y n'y a point d'cha din Douai; des thiens savants, d'z'ours, des lions et pis des sinches, sans compter des serpints qu'cha s'tortille tout partout, et pis est-ce que j'sais, mi ? y n'y in avot tant qu'un intindot tout partout : boum ! boum ! d'ginn ! d'ginn ! derlin din din ! Et pis des cloques, et des gins aveuc des thiètes d'thiens et pis d'baudets et des cornets dins leus bouques qui faijottent toudis : hou ! hou ! hou ! Infin, cha faijot un tintamarre à n'in t'nir s'z'orelles din ses deux mains. Et pis chétot chés qu'vas d'bos, chés peun'tières au viu zoin, chelle culisse d'bos d'chés marchands d'coco, chés marchands d'chériches noires, chés tireux d'cartes à n'un sou ou bin pour un coq in mitant mort, et pis, je n'sais pu quoi, tant et si bin qu'in rintrant din s'mazon un avot putôt l'air d'un marchand d'faltrans qu' d'un avocat, à forche qu'un étot plein d' poussière, sans compter eune douzaine d' cors aux pieds d'écrasés... Ouf ! queule caleur...

A ch'chirque d'sus l'Grand'Place, un véïot tout plein d'bellés cosses : des gins qui dansent d'sus des qu'vas, d'z'autes qui grimpent tout in haut d' des grands bâtons ou bin qui faittent l'équeumette d'sus chelle soïure d'bos ; et pis un vot des thiens savants, et pis un grand éléphant qui danse, qui minge et qui bot fin bin, et pis des quevas qui faittent l'polka aveuc des bellés filles, ou bin qui z'obéittent fin bin à ch'copère Lalanne quand qu'y zar'wettent s'cravache... Infin, chétot toudis fin biau.

D'sus la place, un véïot M. Loramus, ch'ti qui s'cope s'tiête et pis qui se ll'ercole fin bin, et pis qui fait buquer ch' z'esprits din eune armoire ou bin qui les fait chiffler si bin qu'din l'temps *Quinze-Bille*, de l'rue des Chartreux, aveuc ses canariens et ses pinchons. Cha n'impêche qu'chétot fin biau, qu'chelle salle qu'alle étot fin bin éclairée et qu'y n'y avot toudis eune masse d'monne...

Ah ! ch'co ichi no z'y sommes : vive l'musique d'chés Guides ! parlez-me d' cha, in v'là des lapins à poils ! cha fait des notes à vo faire mette à chair d' poule et j'in véïos qui s'pourléquottent à forche qui z'étottent cotins d'intinde

eune musique qu'y n'y a point d'cha in
France ! — Bravo, chés Guides ! bravo !
v'là des gins qui saittent nn'abatte
comme y faut. J'ai surtout eu du plaisi
à l'z'intinde juer leu morciau pou ch'solo
d'tous ch'z'instrumints, et pis à la fin
quand qu'y juottent leu polka aveuc ch'
biau p'tiot carïon qu'si Moronvalle qu'il
arot été là qu'il arot dit qu'y n'porot
point faire si bin à ch'cloquer de l'ville.
A ch'concert-là no z'avons intindu aveuc
plaisi ch'z'artisses d'Douai de l'Société
Chorale, surtout quand qu'y z'ont canté
ch'chœur in l'honneur d'grand'père
Gayant. Un sait bin qu'y faijot eune
caleur à claquer, qu'y z'étottent din un
gardin, qu'chétot l'quatrième jour d'no
fiête et qu'y d'vottent canter quand
qu'un v'not d'intinde chelle fameuse
musique... Mais n'importe, cha n'impê-
che point qu'in faijant attintion à tout
cha y z'ont fait ch'qu'y z'ont pouvu.
— Mais parlez-me d'eune affaire : je
nn'ai incor mes yux brayants in n'in
parlant : queu plaisi qu'cha m'a fait

quand qu'chés Guides qu'y z'ont eu fait intinde din leu musique ch'morciau qu'un appelle *Gonzalve d'Cordoue*, qu'y z'applaudissottent à mort in criant tertous : *l'auteur ! l'auteur ! bravo ! bravo !* Et pis qu'jai vu ch'chef d'musique, aveuc s'n habit tout chamarré in or, qu'il a été quérir bon gré malgré li Monsieu Choulet, qu'y ll'a aconduit d'sus ch'théâte et pis qu'un ll'a là imbrassé comme du pain pou l'féliciter pache qu'il avot fait quette cosse d'si biau. Un a bel à dire, mais j'étos fin fier d'vant tous ch'z'étrangers qu'y n'y avot là d'vire un brave homme d'Douai qu'un li rindot là d'z'honneurs parels, même qu'tous chés gins qu'y n'in finichottent point d'claquer des mains.

A ch't'heure no v'là à ch'l'esposition de ch'z'Amis des Arts d'Douai. Sans compter qu'y n'y avot là eune masse d' biaux tableaux, et pis gramain d'images que ch'minisse qu'il avot invoïées d'Paris pou les tirer au sort à chelle loterie, dù qu'quéques gins d'no ville qu'y z'ont

gagné et pis incor d'z'autes aussi ; après
cha y n'y in a eu qu'y z'ont incor eu pu
d'chance d'gagner des tableaux qu'chelle
Société qu'alle avot acatés, même qu'à
nn'a déjà acatés aussi pou ch'tirage d'
l'année prochaine. Chet l'jeudi d'Gayant
qu'un a fait chelle cérémonie de ch'tirage
et avant un a intindu des biaux discours,
surtout ch'ti d'monsieu l'président, pa-
che qu'il a toudis soin d'mette in avant
des bellés cosses d'sus Douai, aussi il
est toudis bin sûr, quand qu'y parle d'
cha, qu'tous chés gins qui crittent in
claquant in veux-tu in v'là. Après chelle
cérémonie un a eu un morciau par eune
belle tiote musique d'infants qui qu'
minchent' déjà à juer comme y faut ;
mais d'vant chelle séance y fallot intinde
chelle crâne musique d'tous nos fameux
artisses d'Douai : et j'véïos là aveuc un
plaisi qu'je n'peux point vo dire, tout
in avant de ch' l'estrade, un brave
homme bin capabe d'sus sin violon
qu'y fait incor aller si vite qu' s'y s'rot
incor tout jeune. — J'ai fin quer' d'vir

comme cha tous chés bons vius Douaisiens qu'un connot d'pis qu'un est au monne, et qu'un espère vire incor fin longtemps. Pache mi j'dis toudis : vive l'z'anciens !.. — A propos, in parlant d'cha, par queul hasard qu'un n'a point vu là à ch'l'orquesse, aveuc sin bâton qu'un avot toudis tant d'plaisi à l'vire s'dévérenner in battaut l'mesure, ch' maîte Lefranc ? Ejou qu'par hasard y s'rot malade ? J'in s'ros bin fâché et j'espère qu'y s'ra bintôt r'guéri.—Vo savez comme mi, mes bonnes gins d'Douai, qu'no nn'avons jamais eu un parel pou conduire un orquesse, et pis chet un homme d'Douai, et chet à li qu'un dot bin des prix qu'chelle musique qu'alle a eu tout partout à forche qu'y conduijot cha fin bin, et li même chet un musicien liméro un... Vous s'souvenez bin tous chés biaux morciaux qu'il a composés, surtout s'*Symphonie héroïque* qu'cha a fait avoir à Lille ch' pu biau prix à ch' fameux concours, et qu'in rintrant din Douai l'grosse cloque qu'alle a sonné comme y faut et qu'un arot bintôt porté père Lefranc à cu-païelle à forche qu'un étot cotint après li, même qu'du co qu'un a fait sin portrait et qu'tous chés gins qu'y z'ont volu ll'avoir... Acoutez, mes tiots infants, y n'faut jamais oublier chés gins qui z'ont fait leu possible pou no bonne ville d'Douai, et y faut toudis donner l'préférence à cheux d'Douai tout partout quand qu'y s'agit d'quette cosse pour ichi... Ertenez cha d'mi, m'z'amis, vo s'rez toudis miu servis, et un n'dira point qu'chés gins d'Douai qui n'ont point d'bon cœur... Et pis vous savez bin, mes gins, qu'quand qu'un est bon patriote qu'un s' frot coper in quate pou rinde service à chés gins de s'n indrot.

Avant d'sortir de ch' l'esposition de l'commune, vo n'arez point été sans vire chés biaux portraits d' nos comtes d' Flandre, même qu'y z'ont pu d'six pieds d'hauteur et qu'cha s'rot jolimint biau si un arot tous chés portraits-là, qu'y n'y in a tout près d'un chint. pou mette din chelle grande salle qu'alle donne pa chés rues du côté de ch'balcon, et du ch' qu'un voirot là tous cheux qu'y régnottent din ch' païs ichi tout d'pis toudis s'qu'à Louis XIV, dù qu' Douai qu'il a été à la France. — Cha s'rot fameus'mint intéressant d'vire cha, aussi j'espère bin que ch'Consel qu'y n'va point roboler sur eune cosse parelle, et qu'il acat'ra cha bin vite, quéque fo qu'Lille ou bin eune aute ville d'chés Pays-Bas qui no coprottent l'herbe d'zous nos pieds, ch' qu'y s'rot diabelmint bisquant, pache qu'un n'trouv'ra pu jamais eune occasion comme cha...

R'venons à ch't'heure din no paroisse, et véïons chelle belle fiête que ch'quartier des Wios qu'il a donnée diminche passé pou l'erbond d'Gayant.

L'velle, un véïot d'sus chés murs d' Douai des grandés z'affiches dù ch'qu'un lijot d'sus :

« *Aveuc l' permission d' Monsieur l' Maire d'Douai.*—Grande fiête des Wios-Saint-Albin, dimanche 15 d'juïet 1866. — *Un fait savoir à tous chés gins de ch'*

5.

quartier des Wios-Saint-Albin et pis incor d'tout l'ville d'Douai, qu'diminche qui vient, qu'chet l'quinze du mos d' juïet et l'erbond d'Gayant, à ching heures au soir, y n'y ara des jus aveuc des biaux prix à gagner tout du au long de l'rue Saint-Albin s'qu'à l'rue d'Ocre. — Premier, eune course à pied, dù ch' qu'un voira tous chés dératés qui z'iront au pu vîte, risque à nn'attraper un copage d'musette. — Deuxième, un ju d'ménette qu'y n'y a rien d'mëeu din ch'momint ichi qu'y fait si caud qu' d'erchevoir quéques bons sëiaux d'iau d' sus s'tiête, surtout quand qu'un vient d'faire Gayant pindant ching jours tout intiers. — Trosième, un mât d'cocagne. — Tous chés gins qui vodront aller à chés jus-là pou chés prix y d'vront s' faire mette in écrit din l'rue d'Ocre, chez M. Ratte. — Quatrième, à ch'l'allée des Soupirs de l'plache St-Vaast, tout près de l'rue Saint-Albin, un fra un ju d' bïon. Gare à chés guiboles ! mais aussi y n'y ara des biaux prix. Seul'mint, ch'ju

ichi y qu'minch'ra à dij heures au matin.
— A neuf heures au soir, un qu'minch'ra à ch'coin de l'rue d'Ocre et pis de l'rue Saint-Albin, un biau bal champette, dù ch'qu'y n'y ara gramain d'candelles, du sabe in d'zous d'ses pieds, et pis eune bonne musique, et même qu'un dans'ra pou rien.

Un trouv'ra din chés cabarets, pou s'rafraîchir comme y faut : de l'bière rouge in veux-tu in v'là ; de l'bonne bière blanque aveuc gramain d'chitrons d'din ; du chiro d'grusielles et pis incor d'z'autes pou chés dames (attindu qu'y z'ont eune bonne bouque chucrée.) — Y n'y ara aussi pou ch'z'amateurs du vin, de l'limonade, et pis à boire et à minger qu'y n'in manqu'ra point, même du gambon, eune bonne tasse d'café et du brand'vin.

Un prie chés bonnes gins de l'rue St-Albin et pis de l'rue d'Ocre d'mette un Mai à leu porte ou bin leu drapiau s'y veulent pou faire vire qu'chet fiête din no quartier, et pis au soir quéques candelles à leus fernieltes ; d'chelle manière-

là un interr'ra Gayant comme qu'y convient d'faire à sin brave grand'père, in attindant l'année prochaine qu'y s'révell'ra pou chelle grande fiéte d'deux chints ans qu'chés Français qu'y sont intrés din Douai. »

L'jour de l'fiête, v'la tout chés gins de l'rue Saint-Albin et pis de l'rue d'Ocre qui s'mettent à l'ouvrage tout au matin. Un plante des grands mâts din chés rues, aveuc gramain d'verdure et pis des grands drapiaux tout in haut.

Un arringe un grand théâte pou ch'l'orquesse, un met des guirlandes à des ferniettes pindues au mitant d'chés rues aveuc des couronnes, un plante des *Mais*, un arringe chés mazons, un fait chés affaires pou chés jus, et un euve si bin qu'tout est prêt comme y faut pou l'heure qu'un avot dit. — Et sans compter qu'y n'y avot des biaux prix : service d'argint, cuïères à café, des bourses d'argint, des boutelles d'vin, des lites d'brand'vin, y n'y a eu tout cha. Aussi y fallot vire queule animation ! Mais aussi y faut faire des grands coplimints à tous chés commissaires qui z'ont sué des gouttes comme des pos à forche qu'y z'étottent inforchés, et y z'ont fait tout din l'goût d'chic ! — Y n'faut point non pu oublier ch'tiot copère Courmont de l'rue d'Ocre qu'il a été pourcacher din chés mazons pou chelle fiête et qu'il a eu un bon boursicot, pache tous chés gins y z'ont été bin généreux et un l'z'ermercie tertous. — Y faut aussi dire quette cosse d'z'autes quêteux qu'y z'allottent aveuc des troncs pindant l'fiête, surtout qu'chétot pou les pauves.

Y fallot vire queule masse d'monne din chés rues qu'un n'povot bintôt pu passer, et l'plaisi qu'un avot à tous chés jus, surtout à ch'ju d'ménette, dù c'h qu'un véïot l'fiu *Grande Cath'rine* qu'il étot là tout in haut de ch'l'équelle pour r'mette d'l'iau din chelle ménette, et pis qu'quand ch'ti-là qu'y passot sans ête mouïé, y li administrot là eune douche qu'y n'y avot point d'cha. — J'avos aussi du plaisi d'vire *Mal-Uni* aveuc sin capiau d'palle qu'il étot fraîque comme un pichon din l'iau ; mais aussi y faut ête jusse : il avot eu un prix à chelle course à pied.

Din chés rues vo véïottes passer chelle princesse Ourika aveuc sin costume d'sin païs, même qu'à huit heures au soir qu'alle portot incor sin parasol, à forche, chelle pauvre femme, qu'alle avot eu caud ch'jour-là. Un véïot aussi un grand garchon qu'il avot un capiau d'sus s'tiête d'prussien aveuc des pleumes d'co, et pis d'z'épaulettes aveuc eune culotte d'ordonnance ; et pis un biau tiot homme habïé tout in papier in couleur qu'cha faijot un biau effet. — Y n'y avot aussi un faijeu d'tours din chés rues, et pis des cibes chinoisses, et pis gramain d'auter'cosses tout partout, mais un n' peut point tout mette. — Seul'mint, un n'peut point faire auter'mint que d'parler de ch' biau grand lusse tout plein d'lampes pou ch'bal, et pis chés deux grandes z'affaires aveuc d' z'herbages d'sus, dù ch'qu'il étot écrit : *Vivent chés Wios-Saint-Albin !* — A ch'bal y n'y avot des bons musiciens de ch'régimint d' calonniers à qu'va ; ch'pavé il étot sablé, et un a dansé tout s'qu'à minuit aveuc des biaux fus rouges, gaunes et pis verts qu'y z'allottent chacun leu tour, et chétot fin biau d'vire à chelle lumière chés perles des chignons d'chés filles qui luijottent qu'un arot juré des diamants quand qu'y passottent d'vant vous in faijant eune valse ou bin la polka. — Un véïot aussi des mazons dù ch'qu'un avot illuminé.—Et sans compter qu'eune masse d'gins qu'y z'ont dansé din l'rue Saint-Albin, din l'rue d'Ocre et tout s' qu'à l'rue Saint-Vaast, dù ch'qu'un véïot des bellés dames aveuc des biaux monsieus qui dansottent comme tous l'z'autes, si bin qu'tout s'a passé un n'peut point miu ; j'peux dire que j'n'ai point vu un homme in ribotte ni des disputes non pu ; pourtant y faut être jusse : un avot mis din tous chés rues par là chés tabes à l'porte d'tous chés cabarets, et un a vidé des canettes et des pots d'bière qu'chétot plaisi, et tout plein d'cosses aveuc, mais cha n'impêche... Aussi tous chés gins y z'ont dit : à l'année qui vient ; et chelle fo-là un pale qu'no z'arons incor un ju d'ménette, un mât d'cocagne, un ju d'blanc et noir, un biau bal, et surtout un ju d'ogeon ! Parlez-me de ch'ti-là. (Mais y n'faut point avoir peur, ch'l'ogeon y s'ra occis d'avanche.)—Et pis un f'ra des décors nouviaux et pis tout plein d'affaires qu'no voirons cha quand qu'no z'y s'rons.

In attindant, mes bonnes gins d'Douai, j'vos dis adhiu sans adhiu.
  17 juillet 1866.

XLV.

Quéques tiots mots d'sus Douai. — Chelle flête d'chint ans qu'alle d'rot s'faire ch'l'année ichi à Gayant.—Eune belle histoire arrivée à un crâne chasseur d'mes camarades.

Ah ! cha, m'z'amis, ch' n'est point tout d'toudis aller tout dro d'vant li, y faut bin aussi temps en temps r'wetthier ch'qui s'passe et vire quoi et q'mint.

Premier, quoche qu'un vot à ch't'heure, si ch'n'est des gins qui soufflent din leus dots et qui tronnent les fieffes à forche qu'y fait fro, ou bin qui faittent les queumettes d'sus l'neige, ou bin qui s'réverdissent tout d'leu long par thierre ? — V'là tout. Pou l'resse, un n'vot rien du tout. — Y faut espérer qu'pu tard qu'cha ira miu, qu'un ara r'culé pour miu sauter et qu'un f'ra vire à chés gins qu'à forche d'prinde s'n escousse un finira par faire quette cosse...

A ch't'heure parlons d'no grand fiête d'chint ans d'Gayant ch'l'année ichi, in l'honneur qu'y n'y ara tout jusse deux chints ans qu'chés Français qu'y z'ont intré din Douai. — Ch'co ichi j'espère bin qu'cha va aller crân'ment, et qu'un n'va point no soufler cha, sans cha no s'fâch'rons tout rouge.. Y n'y a rire et rire, mais ichi un n'rirot pu. — Y n'y a des gins qui dittent : Mais quoche qu'un f'rot bin ?... Mais ch'l'esposition d'Paris, mais chés musiques par chi, mais chés gins par là... Ejou qu'no réussirons ? — Aüi ! mi j'vo l'dis. Y n'y a qu'à parler à des gins capabes d'arringer des fiêtes, et j'vo réponds d'sus min cœur et min filet, d'sus min crême et min baptême, qu'un n's'ra point gêné d'faire eune fiête liméro un à Douai, *et sans r'faire toudis l'même cosse, et sans avoir d'besoin de rien d'aute que ch' qu'y n'y a din Douai.* Mais, pour l'amour de Dhiu, n'allez point incor mette

là d'din des gins qui n'sont point d'ichi.
— Y faut tout purs infants d'Gayant pou faire cha, et un peut faire des fiétes qu'un nn'ara jamais vu d'parelles din ch'païs ichi. — Et din tout cha no Consel municipal un n'li d'mande qu'eune cosse : rester bin tranquille sans casser s'tiête, et seul'mint voter chelle somme qu'y faudra.—Chet tout ch' qu'un li d'mande
— Pache si tous chés gins qu'y veulent mette leu nez, cha quéra din l'iau... Et j' n'vo l'conselle point, pache qu'un s'rot bin long d'ète cotint après vous, j' vo ll'avertis d'avanche ; et, comme un dit din Douai, un homme averti il in vaut deux...

A ch't'heure, mes gins, j'ai à vo raconter eune cosse qu'alle est arrivée à un d'mes camarades d'tout près d' Douai, qu'il est tiot épis maique, ch' qui n'impêche point qu'chet un rude chasseur, même qu'y n'est point gêné, malgré qu'y n'y a pu gramin d'gibier, d'abatte ses vingt chinq pièches à tout co... Si bin que ch'brave homme il avot été invité, l'année passée, à aller faire l'ouverture de l'chasse tout près d'Paris, et il a arrivé deux jours d'vant din chelle mazon pour li avoir l'temps d' s'erposer comme y faut et pi prinde cha au vif l'surlind'main au matin. — Chet bon, l'v'là arrivé, v'là qu'un li fait fiête, un l'régale qu'y faut vire, et y n'y avot surtout des m'lons superbes qu'un li in a donné in veux-tu in v'là, au matin, à midi et pis au soir. — Tout cha allot fin bin. — Mais din l'nuit de d'vant chelle chasse, v'là eune révolution sans parelle din s'panche, et dix-sept fos il est obligé d'déquinde in pans volans pou aller *là-bas* à tout brijer ; si bin que l'lind'main matin y tronnot comme un viu singe, même que s'courante qu'à n'étot point incòre passée.

V'là s'n ami qui vient à s'cambe aveuc sin fusil, et malgré qu'min camarade qu'y n'in pouvot pu, y veut tout d'même faire un tiot effort pou aller aveuc li. — Les v'là partis, mais arrivés déhors de ch'l'indro, min pauve camarade il avot sin vinte qu'y groulot qu'un arot juré un ju d'orgues, et y z'arrivent tout près d'un feumier qu'y n'y avot là. M'n ami y dit : — Acoutez, j'n'in peux pu ; allez hardiment, et d't' l'heure j'vo r'joindrai. — Chet bon, v'là ch'camarade pu long, et notre homme, comme il avot peur qu'sin thien qu'y queurre aveuc l'z'autes in intindant chés cos d' fusil, y l'lie à s'gambe, y pose sin fusil à côté d'li, et pis y s'met à s'n aise.... Cha allot tout seu, un arot juré eune champreule qu'à s'sauvot... Pindant ch' temps-là, v'là tout d'un co qu'un intind: pan! pan! — et v'là eune perdrix qu'alle vole du côté de m'n ami. Li, malgré s'position, y n'fait ni eune ni deusses, y prind sin fusil, et y tue net chelle biète, qu'alle quet un p'tiot peu pu long. — Mais v'là-ty pas ch'coquin d'thien qu'y prind s'n escousse pou courir après chelle perdrix, y fait perde l'équilibe à min pauve camarade qui quet par drière in plein d'din.... et ch'thien y traine sin maitte pa s'gambe,

6.

in paus volants, din ch'z'ortils qu'y n'y avot là, et ch'pauvre homme y faijot eune vie d'gob'lin in criant après ch'thien ; et pu y criot, pu ch'thien qu'y s' sauvot, pache, comme de jusse, y n'étot point habitué d'vire sin maîte din eune position parelle. — A forche qu'il a crié, s'n ami y ll'a intindu, et il a accouru déloïer l'gambe de ch'pauve garchon et li donner quette cosse pou li ravoir sin cœur. —

Mais l'pu malheureux d'tout, chet qu'y n'se trouvot point tant seul'mint eune pauve goutte d'iau din ch'l'indrot dù ch'qu'il étot, si bin qu'bon gré malgré, il a été forché d'ervenir, aveuc ses gambes élarguies comme s'il arot eu un pain d'six lives din ses culottes, et quand qu'il est arrivé à chelle mazon, chelle servante, qu'chet eune brave fille comme y n'y a point, alle pinsot que ch'l'homme qu'il avot doré ses bottes...

D'pis ch'temps-là, min camarade y n'peut pu sintir chés m'lons.

22 janvier 1867.

XLVI.

Deux p'tiots mots d'sus ch'concert d'no musique de l'ville.—Un rude chasseur d'Douai.

Vinderdi passé no musique alle a donné un biau concert din l'grande salle de l'commune, même qu'gramain d' gins qu'y z'y ont été, et pis mi aussi. — Je n'saros point vo dire queu plaisi qu'j'ai eu quand grand'père Lefranc qu'il a arrivé din chelle salle (qu'din ch'momint ichi qu'il est malade) qu'tout l' monne qu'il a claqué des mains risque à casser chés vites ou bin à révéïer Moronvalle qui dormot tranquille à sin cloquer.

No musique alle a jué deux biaux morciaux que ch'maître Décarpentry qu'y battot chelle mesure, et que ch'tiot Hector qu'y faijot des roul'mints d'sus chés tambourins à s'démonter tous ses bras à forche qu'cha allot vite, et cha faijot delle belle musique. — Un a intindu incor un aute morciau qu'monsieu Choulet qu'y conduijot, même qu'y n'y avot pu d'un chint d'violons, et tros belles tiotes filles qui juottent cha si vite qu'Paganini. Sans compter qu'chétot d'cha. — Après vos avotes un monsieu aveuc eune barbe qui gatouïot toudis un grand diabe d'violon, et pis un aute qui juot du piano un n'peut point miu, et pis incor un aute qui cantot des bellés canchons qu' chétot bin joli. Infin, [y n'y avot là eune demoiselle qu'alle v'not de ch'conservatoire d'Bruxelles in Brabant; et alle peut s'vanter qu'alle a été accompagnée in cantant par deux artisses liméro un, si bin qu'alle a fait des roulades deux tros fos, et chés gins y z'ont récauffé leus mains in buquant d'sus comme y faut; mais aussi y faut tout dire : à elle l'coq pou faire des bellés révérences....

Comme vous êtes tertous des braves gins, j'va incor vo raconter eune histoire d'un chasseur d'Douai qu'chétot plaisi…. Acoutez bin chelle-là :

Ch' l'homme il avot pu d'bonheur qu'un sorcier. Pindant qu'tous l'z'autes de s'compagnie dù qu'y chassottent ichi pas long d'Douai qu'y n'rapportottent rien d'aute qu'des biètes à pleumes, li, pindant au moins chinq six fos tout d' suite, il arrivot toudis, à ch'rassembel- mint pour eusses denner, aveuc un lièvre din s'carnassière.—Ch' n'est point tout : y couïonnot toudis tous l'z'autes in les traitant d'magons, pisque jamais qu'y rapportottent un pauve tiot lièvre, et y leu dijot qu'y n'avottent point l'truc, et qu'li y n'étot jamais eune heure sans savoir dù qu'y z'étottent.

L'z'autes y biscottent comme des dia- bes, et y s'dijottent in eusses mêmes : pourtant ch'gaïard-là j'n'ai jamais intin- du dire qu'il étot pu crâne qu'un aute à détrousser un lièvre (si ch'n'est bin à tabe); qu'mint qu'cha va qu'à ch't'heure qu'il est si adrot?…

Infin, chet bon ; v'là quéques jours qui s'passent, et un s'rassembe incor pou faire eune partie d'chasse, in s'donnant rindez-vous pou denner din l'mazon d'un d'chés camarades dù ch' qu'il étot conv'nu.

Din ch'l'intervalle-là qu'un v'not d's'in allér, ch'ti-chi par chi, ch'ti-là par là, v'là ch'l'ami dù ch' qu'un d'vot denner qui va din eune mazon d'sin village vire un qui braconnot toudis, et y li d'mande s'y n'arot point un lièvre à li vinde. L'aute y dit qu'ennon ; qu'y nn'a bin là un, mais qu'un monsieu d'Douai qu'y drot v'nir l'querre, même qu'chaque fo qu'y va par là à l'chasse qu'y n'y in acate toudis un... — Moute un peu ch' lièvre-là ?... qu'y dit ch'camarade. — L'v'là, qu'y dit ch'l'homme in li apportant à vire. — Tiens, il est biau tout d' même. Y dit incor deux tros mots in d' visant, et pis y prie ch'l'homme d'aller li faire eune tiote commission. — Pindant qu'il est parti, l'aute y n'fait ni eune ni deusses, y prind bin vîte un p'tiot morciau d'papier dù ch'qu'il écrit quette cosse d'sus, et pis y roule au galop ch' papier et y ll'infonce din l'drière de ch' lièvre. Et pis y resse bin tranquille. Quand que ch'l'homme qu'il est rintré, y li dit: — Ah! bin, pisque t'n'as point d'lièvre et qu' t'as promis ch'ti-chi pou ch'monsieu d'Douai, chet tout, j'm'in irai sans.

V'là chelle chasse finie, notr' homme il arrive incor brav'mint aveuc sin lièvre, et un s'met tertous à tabe. V'là qu'un est au champagne, et ch'camarade de d't' à l'heure y fait incor tourner chelle conversation su l'bonheur de ch'l'homme à lièves; après cha y li dit: — Aujord'hui, éjou un tros-quarts qu't'as tué? — Tiens, r'wette, l'v'là, qu'y répond l'aute in li faijant vire. — Il est biau tout d'même, qu'y dit ch' camarade in l'ertournant d'tous les côtés. — Tout d'un co y crie: — Tiens, wette! ch' lièvre il a du papier à sin drière... Et in dijant cha y r'tire ch'biêt dù qu'y n'y avot d'sus que ch'lièvre là qu'il avot été vindu à *tel* indrot, à *un tel* d'Douai, et qu'chaque fo qu'y v'not à l'chasse y nn'acatot un...

Vo sintez bin queu plaisi qu'un a eu tertous d'eune affaire parelle, si non bin ch' l'acateu d'lièves ; mais infin il a bin fallu qu'y passe par là, et tous chés gins y z'ont su qu'mint qu'y faijot pou toudis avoir des biêtes à poils tandis qu' tous l'z'autes qu'y n'attrapottent point aute cosse qu' des biêtes à pleumes...

J'aros bin incor d'autes cosses à vo dire d'sus ch'chapite d'chés chasseurs, mais cha s'ra pour eune aute fo...

Par ainsi, mes gins, j'vo salue.

28 janvier 1867.

XLVII.

Ch'l'affiche de l' fiête des Wios-Saint-Albin in 1867. — Chelle pleuve alle quet. — Ch'l'annonce d' Labaletté ch' bachenneux.

∿∿∿∿∿∿

L'semaine passée, un véïot d'sus chés murs d'Douai d'z'affiches dù ch'qu'y n'y avot écrit d'sus in grossés lettes : *Aveuc l'permission d'Monsieu l'Maire.* — Fiête des Wios-Saint-Albin, *Diminche 21 d'Juïet 1867. — Un fait savoir à tous chés gins de ch'quartier des Wios-Saint-Albin et pis incor d'tout l'ville d' Douai, qu'diminche qui vient, à tros heures au soir, y n'y ara des Jus aveuc des Prix à gagner tout du au long de l'rue Saint-Albin s'qu'à l'rue d'Ocre. — Premier:* Ju d'tiots-Pains. *— Dù ch' qu'un* *voira tous chés garchonnals s'dévérenner pour in saquer au pu vîte, et pis ch'chiro qui guil'ra tout du au long d'leu minton.* — Deuxième : Ju d'Ogeon. — *Mais y n' faut point avoir peur, un n'li f'ra point d'ma, à ch'pauve ogeon, attindu qu'un li ara arringé s'n affaire avant d'comincher ch'ju.* — Troisième : Ju d'Ménette. — *Pou rafraîchir comme y faut et r'mette tous chés gins à plache.* — Quatrième, infin : Au soir, *in plein mitant d'chés rues, à ch'coin de l'rue d'Ocre et pis de l'rue St-Albin,* — Danse sans païer, — *Même qu'y n'y ara d'sus ch'pavé du sabe pou chés cors aux pieds.*

Chés gins qui vodront aller à chés jus y s'f'ront mette in écrit chez M. Ratte, à ch'coin de l'rue d'Ocre.

Un prie chés gins de l'rue St-Albin et pis de l'rue d'Ocre d'mette leu drapiau din l'jour et quéque candelles au soir à leus ferniettes.

Y faut vo dire, qu'hier su les quatre heures j'm'in va brav'mint din l'rue St-Albin pou vire chelle fiête de l'pa-

roisse des Wios : quoche que j' vos ? — J'vos qu' je n' vos rien du tout. — Bin vite j'acqueurs à l'coin de l'rue d'Ocre, et j'dis tout in trimousse : — **Ah!** cha, ch'maîte Ratte, porquoi qu' vos rattez? vo n'véiez point tous chés gins par mille et par mille qui viennent d'tout partout par ichi, même d'tous chés villaches?..
— Acoutez, qu'y m'dit, j' m'in va vo dire : chelle pleuve alle a toudis quéiu tout s'qu'à midi tout comme si qu'un l' donn'rot pou rien, si bin qu'un n'a point pouvu faire chés bellés z'affaires, planter chés *Mais* et pis mette tous chés drapiaux, même qu'un a été obligé d'rintrer tous chés cosses in d'zous d' chelle grand' porte ichi vis-à-vis; si bin qu' malgré que j'sus fin désolé y n'y a point eu moïen d'arringer cha comme y faut, un n'arot point eu l'temps. Mais comme un n'peut point toudis r'mette, diminche qui vient, temps, non temps, un prépar'ra tout d'avanche et un f'ra chelle fiête tout d' même.

Si bin que j'm'ai in allé aveuc ch'que j'avos d'pronnes d'cueïées.

Comme je m'r'in allos din m' mazon, v'là qu' j'intinds à ch'coin de l'Plarie : *bamm! bamm! bamm! bamm! bamm!*. J'vos tous chés gins qui z'acqueurent et qui faittent l'cherque, et au plein mitant de ch'cherque j'vos ch'maîte *Labalette* ch'bachenneux qui criot tout ses pu haut comme cha :

Un fait savoir à tous chés gins,
Attindu l'pleuve quéïant ch'matin,
Que l'fiéte des Wios-Saint-Albin
Alle est r'mis à diminche qui vient.

Par ainsi j'vo salue.

Lundi 23 juïet 1867.

XLVIII.

L' flète des Wios-Saint-Albin, et pis incor aute cosse. — L' canchon de ch'maîte D... F. d'sus l'flète des Wios-Saint-Albin.

⁓⁓⁓⁓⁓⁓

Ah! cha, mes gins, ch' co ichi nos y sommes! Y n'y a assez longtemps qu'un in pale. Premier, chétot l' diminche d'après Gayant qu'un dijot; ah! ch' jour-là un n'porot point, à cause de ch' ballon d'chez Magin; deuxième, chétot incor l'diminche d'après, qu'un avot même fait ch'z'affiches pou ch'jour-là; mais v'là l' samedi qui s' met à quéïr d' l'iau à mort, et pis tout l' nuit, et pis l' diminche s' qu'à midi, si bin qu'chés gins d'par là qu'y z'ont dit qu'y n'avottent point pouvu tout mette à plache, et pis, bernique ! Y n'y a point incor eu quéqu'un. Infin, sam'di passé un colle in bas d'chés grandes affiches des pu tiotes duch' qu'un dijot comme cha : *Chelle fiête des Wios-Saint-Albin à s'fera diminche 28 juïet, à tros heures au soir.* Cha n'a pu manqué.

Chet pas l'imbarras, mais un peut dire que ch'mos ichi din Douai qu'un a eu des fiêtes in veux-tu in v'là : d'abord chet l'grosse qu'alle sonne l'velle d'Gayant et pis au soir ch' l'ertraite in musique qu'alle révelle chés gins qui s'couquent d'sus les neuf heures. Après v'là l' diminche au matin à neuf heures qu' Gayant qui sorte de ch'muséum pou v'nir saluer ch' z'autorités avant d'aller pu long ; après et pindant l'fiête v'là ch' tir à l'ogiau, chés jus d'arc, à l'fléchette, au bïon, à l'grosse balle ; et pis v'là chelle musique d'sus l' plache Saint-Jacques, d' tous chés villaches tout à l'intour d'Douai : et sans compter qu' cha faijot un biau ramage ! — Un avot aussi mis d'sus ch'l'affiche des danseux d'sus corde, mais je n'sais point par queul hazard un n' les a point vus. Chet dammage, pache que chés gins y z'ont querr' tous chés farces d'Pierrot et pis d'Arléquin, et pis ch'z'interchats d' chelle demoiselle tout in païettes d'or qu'cha brille au solel; et pis tout l' monne y n'a point l' moïen d'aller viré ch'chirque, qu'il étot pourtant bin biau, mais y faut des doupes pou ll' y aller. Mais y n'y avot aussi d'sus ch'Barlet des peun'tières frites, des gaufes coliches, eune tiote femme pas pu haute qu'eune botte d'cavaïer, d' z'hercules in veux-tu in v'là, et pis incor aute cosse. J'oublios aussi chés deux mâts d'Cocagne de l'rue d'Obled. Y n'y a eu aussi à Gayant ch' concert de l'Mairie et pis chelle matinée d' musique de ch'gardin des Plantes; mais l' pu d' plaisi qu'un a eu là, chet d'intinde *l'Ame en peine*, de ch'maite Lefranc, qu'cha a été inl'vé din l' goût d'chic. Un peut li donner ch'bouquet à ch'gaïard-là; y sait arringer cha qu'tous chés gins qu'y z'ont claqué des mains comme y faut d' contint'mint. Après cha y n'y a eu un gymnase qu'un povot vire de ch'rempart, par chés soldats d' chés chasseurs, et même qu'y n'y in avot des bin subtils. — J' poros bin vo parler aussi d' chés biaux bouquets que l'musique d'Douai qu'alle a donnés à chés musiques d'Lille et pis d'Tourcoing, qui z'arvénottent de ch'grand Concours d'musiques d'Paris, même qui z'avottent eu les pu biaux prix, et pis d'chelle bavaroise qu'un les a régalés aveuc à ch' *Café Férail*, et pis qu'un criot vive Lille et pis vive tertin tertous à été sourd à forche qu'un criot fort, mais in v'là assez comme cha, attindu qu'nous sommes d'sus l' paroisse des Wios-Saint-Albin. No z'arvénons à nos moutons.

Si bin qu' diminche passé au matin v'là qu'un plante des grands sapins si haut qu'des mazons tout du long de l' rue Saint-Albin et pis in haut qu'y n'y avot des drapiaux ; un intoure tous chés sapins d'branques d'abes, et pis v'là chés mazons dù ch'qu'un met des drapiaux à chés ferniettes et des *Mais* à l' porte d'tous chés cabarets. Après v'là din l'fond d'chelle rue qu'un fait eune grande machine pou mette in haut tous chés musiciens aveuc d'z'abes tout à l'intour et tout in haut tros affiches à grandés lettes dù qu'un dijot : *Vif chés Wios-Saint-Albin !* et pis dù ch' qu'un annonçot qu'un povot aller à tous chés jus et danser tout sin sou pou rien. — Et sans compter que ch'n'est point déjà si biête. Wettiez, mes gins, un s'arot in allé din l'temps *à ch'bon Quertien* ou bien auterr' part comme cha pour escouer ses puches deux tros minutes, vo n'avottes quasimaint point l' temps d'ête d'sus danse qu'à la minute ch' crinchon d' violon qu'y faijot l' tour pou v'nir r'chevoir un sou à tout co ; eh bin, mettez eune dijaine d'danses, eune coupe d'pots d'bière blanque au chitron et pis tant seul'mint deux sous d'bêtisses pou régaler s'dame, v'là-t-y point tout d'suite eune pièche d'trente-deux sous in déhors d'vo poche ? — Au liu qu'à l'fiête des Wios, vo povotes avoir du plaisi et gagner chés prix tout d'pis tros heures s'qu'au soir et pis après cha danser si fort qu' *Martin ch'Nèque* et pis Louis-Joseph comme qu'y dansottent hier din l'rue Saint-Albin, et pis n' point avoir un rouge doupe à donner à personne, si non bin qu'eune pinte ou deux pou ravoir s'salive à forche qu'y criottent in faijant leus interchats, même après qu'Martin qu'un l'faijot aller d'sus danse in l'tirant par sin croâte qu'un arot juré eune corde, et pis li qu'y dansot toudis tous ses pu fort.

A chés jus un a qu'minché par ch'ju d'ménette, qu'chet Chevalier, Hache, et pis Chevalier-Caby qu'y z'ont eu chés prix. A ch'ju d'Ogeon, ch'ti qu'il a gagné chet Beauvois dit *Gros-Louis*. Pou ch'ju d'tiots pains, pindant qu'un juot à l'ogeon tout près d'chez Ratte, et qu'un avot pindu chés pains au chiro d'avanche, v'là-t-y pas chés garchonnals qu'y s'mettent à faire aller chés tiots pains

comme des marionnettes tout in haut d'
chelle corde qu'alle traversot chelle rue,
si bin qu'y z'ont intortïé tout cha et
chés tiots pains y z'ont quéïu par thierre,
si bin qu'quand un a eu fini ch'ju d'o-
geon et qu'un a r'venu tout près de l'rue
des Chartreux aveuc ch'tiot homme qui
tambourot pou rapp'ler chés jueux, y
n'y a point eu moïen d'faire ch'ju, et
comme qu'y faijot déjà soir, chés gins y
z'ont tout préparé pou ch'bal de l'bout
de l'rue Saint-Albin.

Ah ! ch' co ichi nos y sommes ! y fal-
lot vire ch'biau lusse aveuc eune masse
d'grandés lanternes qu'cha luijot un n'
peut point miu ; et pis chés fus du Ben-
gale qu'un paraichot tertous tous blancs..
Et sans compter qu'un pirouettot là
qu'y fallot vire, même qu'y faijottent
voltiger leus danseuses qu'cha faijot bu-
sier à ch' l'inlèv'mint des Sabines...
Mais chés Sabines d'ichi all'z'étottent bin
cotints, et un véiot là eune masse d'tiots
déshabïés blancs qu'cha allot fin bin et
pis tout plein d'affaires à chés orelles,

d'sus chés tiêtes et pis incor auterr' part qu'cha brïot qu'un arot juré des diamants. Et y n'y avot là un monne tout d'pis l' porte d'Ocre tout s' qu'à ch' Champ-Fleuri et l'rue Saint-Vaast à n' point pouvoir s'ermuer ; par bonheur qu'un avot chelle belle grande rue Saint-Albin pou r'prinde s'n haleine.

Et un véïot tous chés cabarets qu'y fallot bintôt s'mette à deux g'noux pou avoir eune pauve tiote pinte, à forche qu'y débordottent ; chés marchands din l'rue St-Albin et chés tabes à boire tout du long de l'rue d'Ocre, qu'un trinquot là à tarlarigo ; et pis Bertrand aveuc sin violon qui cantot les prouesses d'chés Wios... et pis incor d'autes cosses.

Et ch' maîte Ratte un peut dire qu'y s'a r'mué tout sin sau pou ch' l'affaire-là ; y soufflot là des cos, à forche qu'il avot caud, à faire aller un orgue. — Mais y faut tout dire : un peut rinde justice à Jean dit *ch' l'Arabe*, qu'il a monté tous ch'z'astifalles comme qu'y fallot.

J'oublios d'dire merci pou ch'quartier Saint-Albin à monsieu Tailliez et pis à monsieu Poulain; chet grâces à eusses et pis à monsieu Ratte (ch' co ichi qu'y n'a pu ratté), qu'chelle fiête qu'alle a si bin été. Y faut aussi faire bonne mintion de ch' brave père Mouquet, qu'chet un mâtin à poils... pou ch'ju d'ménette.

Si l'bon Dhiu qu'y nous laisse du monne et pis eune bonne sainté pou l'année qui vient, j'm'attinds qu'un f'ra incor miu.

In attindant, v'là toudis eune belle canchon que ch'maîte D... F, qu'il a fait à forche qu'il étot contint d'avoir vu l' fiête d'no paroisse des Wios-Saint-Albin, mais d' vant, j'm'in va vo dire eune tiote saqüée :

L'aute fo j' passos tout près dù qu'y restot din l'temps *Bapaume*, ch'marchand d'verre cassé, et j'intindos crier après quéqu'un : eh ! *Mâle-d'Agache !*... — Mais pou l'amour de Dhiu, que j'dis à ch'ti qui crïot, après qui qu'vo nn'avez et qui qu'chet qu'il a un nom bertèque comme cha ? — J'm'in va vo dire, ch' maîte, qu'un m'répond comme cha, chet un nom d'guerre, et un appelle ch' l'homme-là *Mâle-d'Agache*, pache qu'il a eune femme qu'alle bavarde d'pis l' matin tout squ'au fin soir comme eune vraie pie. — Il faut conv'nir, mes gins, qu'chet un nom qui fait imache.

A ch't'heure, v'là chelle canchon :

L' FIÊTE DES WIOS - SAINT - ALBIN.

AIR : *Allez donc vous faire mordre.*

Chés jours passés, j'ai vu d'sus des affiches
A l'coin d'chés rues, collées d'sus chés masons,
Qu'un annonçot à tout l'monne, pauves et riches,
Pour el diminch' eune grande récréation :
Un ju d'Ogeon et pis un ju d'Ménette,
Danse sans païer et pis un ju d'tiots Pains ;
Là d'sus je m'dis, faudra qu'j'al' vire l'Fiête
        D'chés Wios-Saint-Albin.   (*bis.*)

L'diminche arrive, j'm'in va boire eun'canette
A ch'cabaret tout au bord de l'rue d'Ocq,
Afin d'pouvoir bin vire ch'ju d'Ménette ;
Quand j' vos un homme d'par là, ch'tiot Déhocq ;
Y m'dit : M'n ami, pour vir ch'ju d'Ménette,
Faudra aller vous placher à l'aute coin,
Car chet par là qu'un va qu'mincher chell' Fiête
        D'chés Wios-Saint-Albin.   (*bis.*)

J'vo ll'avou'rai, vrai, chet eun' drol' de cosse
D'vir chés tiots pains pindus à n'un cordiau ,
Et chés banbins qui vont s'in fiche eun' bosse
De ch'chiro qui guil'ra d'sus leu sarrau ;
Les v'là partis, tout autour d'leu tiête.
Y s'imbarboul'tent, mais cha n'y fait rien ;
Y disent insonne : ch'n'est pas toudis l'Fiête
   D'chés Wios-Saint-Albin. (*bis*.)

Et ch'ju d'Ogeon chet bin incor pu farce ,
Un vot chell' biête ed'sous l'cu d'un tonniau ;
L'un crie à doite, à gauche, l'aut' dit te passe,
Un aute crie buque , y buque , mais chet trop haut ,
Il a buqué à n'un pouce d'chell' tiête,
Un crie bravo, mais cha n'rapporte rien ;
Y s'in consol' , car ch'n'est point toudis l'Fiête
   D'chés Wios-Saint-Albin. (*bis*.)

Ch'ju d'Ménette cha chet un ju comique :
Eun' cuvelle d'iau aveuc eune planque troée ;
Pour juer y vo faut passer l'épique,
Car un est sûr d'avoir pu d'eune ondée ;
Y sont montés tout drots d'sus eun' carette,
Les gamb's tindues, un bâton din leu main ;
Tros quate garchons pouss'nt in criant : Chet l'Fiête
   D'chés Wios-Saint-Albin ! (*bis*.)

Mais l'pu biau d'tout chet d'intinde chell' musique ,
Et d'vir chés gins danser , valser, sauter ;
Mettant d'côté l'opinion politique,
Là riches et pauv's viennent fraterniser :
Dames in capiaux et garchons in casquettes
Dansent côte à côte in s'tenant par leu main ;
Là d'sus je m'dis : Si chétot toudis l'Fiête
   D'chés Wios-Saint-Albin !... (*bis*.)

A ch't'heure in v'là assez pour un momint : nos voirons eune aute fo si no d'vis'rons d'sus chés chasseurs ou bin d'sus chés combats d' coq, méme qu'à côté de m'mazon y n'y a un grand diabe d'coq à batte qu'un vient l'quérir d'bin long d'ichi, et qu'il a d'z'ép'rons comme un calonnier à qu'va et des pattes d'eune demi-aune d'France.

1ᵉʳ août 1867.

XLIX.

UN RACCROC DE L' FIÊTE DES WIOS-SAINT-ALBIN.

Y faut vo dire, mes gins, que l'jour d'chelle grande fiête des Wios-Saint-Albin), *l' Société d'l'Union* (qu'à s'tient din l'rue des Flageolets, qu'chet tout près de l'rue Saint-Albin), alle a invité *l' Société d'l'Ange-Gabriël* à v'nir juer un gambon à l'boule, ni pu ni moins qu'si qu'chavot été l'fiête St-Quertien (qu'chet no saint). — Vous savez comme mi, mes gins, que *l'Société d' l'Ange-Gabriël* qu'chet din l'rue Jean-de-Gouy, même qu'chet un cabaret si viu quasimaint din Douai que *l'Brique* de l'rue Saint-Albin et pis incor *l' Cuve-Blanque* de l'rue Saint-Jean. — Si bin qu'chés sociétés que j'vo dijos d't'à-l'heure qui s'intindent tertous insonne fin bin, attindu qu'chet tous gins tranquilles qu'cha bot s'pinte sans rien dire à personne ou bin qu'cha f'ra s'partie d'boule à l'coëtte l'diminche, après avoir bin ouvré toute eune sainte semaine comme des marcénaires, et qu'cha rinte à s'mazon à l'cloque d' dij heures sans jamais minquer, pou r'prinde s'n ouvrage l'lundi aveuc cœur et corage; infin, pou miu dire, chet des gins d'nos gins.

Chet bon. Si bin que l'jour d'l'grande fiête des Wios, qu'vo s'rapp'lez bin qu' chétot y n'y a eu tout jusse hier huit jours, chés deux sociétés y z'ont jué insonne un gambon à l'boule, et chet l' Société des Wios, à l'Union, qu'alle a gagné ch' gambon, sinon bin qu'alle n'a point eu chelle moutarde.

Mais comme y n'y a point d'belle fiête sans lind'main, l'Société d'l'Ange-Gabriël alle a invité chelle des Wios d'l'Union à aller à s'mazon diminche pou prinde s'n ervanche et juer incor un nouviau gambon. Mais malheureus'mint vos avez vu comme mi queu temps qu'il a fait ch' l'après-midi, qu'un n'arot point mis un thien déhors, et que j'm'attinds qu'chés bouloires qu'alles étottent si pleines d'iau qu'un arot juré ch'bassin de ch' canal. — Si bin qu'chelle fiête qu'alle est r'mis à diminche qui vient.

Ch'jour-là, à quatre heures au soir, chés Wios y partent tertous, tambour in tiête et drapiau au vint, de l'*Société d' l'Union*, de l'rue des Flageolets, et y z'arriv'nt friant-battant din l'rue Jean-de-Gouy, à l'*Société d'l'Ange-Gabriël*, et y juttent ch'deuxième gambon à l' boule, même qu'chelle bouloire, à ch' qu'un dit, qu'alle va ête arringée aveuc des drapiaux et pis d'toutes sortes pou faire vire qu'chet grande fiête, piche qu'un a l'honneur d'erchevoir cheusses de l'paroisse des Wios-Saint-Albin (qu' chet tous crânes)!...

Et pis, après cha, un inval'ra chés deux gambons. — Et comme qu'un m'a dit qu'un m'f'rot goûter cha pou vire si à m' mode qu'y sont bin interlardés et point trop salés, j'vo dirai cha pu tard : cha vo f'ra plaisi... et pis à mi aussi.

Par ainsi, mes gins, j'vo salue.

5 août 1867.

L.

Ch'sot des calonniers din ch'l'Académie d' modelure.—Ch'polisson qui fait quéir siu maite d'école. — Ch'coq de l'rue d' l'Halle.

—◆—

Din l'temps ch' l'académie d'modelure d'Douai alle étot tenue par M. Degand, même qu'y n'y a incor din l'ville gramain d'bellés cosses qu'il a fait in sculpture, même qu'à m'mazon qu'y n'y a, de ch' l'homme là, tout l' famille d' no grand' père Gayant, in bos, qu' cha fait pindant à ch'cloquer de l'ville. Eune fo, pindant qu' tous ch' z'élèves qui z'étottent là bin tranquiles à travaïer, v'là un garchonnal qui d'mande à M. Degand pou aller à la cour, et au liu d'si in-aller, il inte in druquin din eune tiote salle tout à côté, du ch' qu'un mettot ch' z'habits de l' roue d' Fortune, et y vot pindu din un coin ch' costume aveuc ch'tiot qu'va de ch'sot des Calonniers, qu'de ch'temps-là chétot *Bélanger* qu'pu tard qu'chet *Carrocher* qui ll'a rimplaché. Bin vite y met ch'l'habit à guerlots, il infourche ch'tiot qu'va, et il inte brav'mint comme cha in pleine académie... Vo sintez bin qu'monsieu Degand qu'y nn'étot d'eune colère du diabe, et y s'a fait là un remue ménage qu'un n' povot pu v'nir à bout d'tous ch' z'élèves qui riottent à t'nir leu panche...

Vo savez bin din l'temps qu'monsieu Nouveau qu'y t'not s'n école d'sus l' plache Saint-Amé. In sortant, tous chés garchons y s'amusottent à l'intour d' chés abes, et pis y z'allottent toudis sonner à l'porte d'eune vielle gent qu'alle restot là pas bin long pou aller à l' Fonderie. Si bin qu'alle a fini pa s'plainde à ch' commissaire, de ch' temps-là qu' chétot monsieu Pernot, si bin qu'y s'a muché et il a mis à l'poursuite chés tiots polissons, in t'nant s'n épée din s' main. Vo sintez bin qu'y z'ont eu eune peur à n'in morir. Y n'y in a même un, qu'il est à ch' t'heure din Douai vivant et parlant, qu'il a été poursui pindant eune heure d'long, et y caracolot din tous chés rues qu'monsieu Pernot qu'il étot toudis prés de ll'attraper, tant qu'à la fin y n' l'a pu vu, et comme ch' garchon qui courot toudis, et qu'il étot déjà l'brune, y tourne ch'coin de l'rue du Palais pou s' sauver pa l' Cloris din s'mazon qu' chétot quéques rues pu long, quand qu'y s' flanque d' raideur d'sus un brave tiot grand'père qui passot là et y l' réverdit tout plat par thierre in li cassant s'lanterne qu'il avot din s' main... Savez-vous bin qui qu' chétot ? Ch'pauve monsieu Nouveau... Par bonheur y n'a jamais su quoi, sans cha ch'tiot polisson-là il arot fait connaissance comme y faut aveuc s'canne.

Din l' temps y n'y avot din l'rue d' l' halle un grand mâtin d'coq qu'tous chés gins qui l'conaichottent, pache qu'y s' prom'not toudis l'long de ch'trottoir d' chez madame Davenne, à l'inseinne du Damier, qu'alle restot din chelle rue-là. Et in passant, quéque fo un j'tot à ch' coq un tiot morciau d'pain ou bin aute cosse, et chelle biête alle étot fin cotint. Mais par malheur eune fo, pindant l'fiête d'Douai, un conduijeu d' Gayant qu'y passot là et qu'y nn'avot eune bonne pronne, y vot ch'coq et y dit interr li-même : Mâtin, queu rude bouïon qu'un f'ro aveuc cha... Et tout d'suite il impoigne chelle pauve biête et y li tord l'co. Vo n'avez jamais vu un si fameux deuil din l' mazon d' chelle pauve femme !... Min pauve coq il est mort !.. Queu malheur !.. Cha n'impêche point que ch' gueulard d' porteu d' Gayant qu'un ll'a impoigné et mis au violon, pou li apprinde à n'pu pocher l'pipi à chés coqs.

7 août 1867.

LI.

Chelle fille malade et s' mère qu'alle promet de l' marier. — Monsieu Louis et s' pièce toute ronde. — Dauphine et ch' l'huile d' Crétone. — Ch'ti-là qui veut coper eune équelle pou l' faire intrer din cune cambe. — Ch' pleumeu d' pigeons.

Incore eune tiote histoire : chet eune fille malade d'pis quéque temps. S'mère, chelle brave femme, bin désolée d'vire s'pauve fille qu'alle avot peur d' vire in-aller comme eune candelle, a n'savot quoi faire pou l' distraire, et comme à n'in v'not point à bout : J'ai un chagrin sans parel, qu'a li dit, d'pis qu' t' es malade, tâche de t'guérir bin vite... Quoche qu'y t' faut, dis à ma mère... Tiens, si te veux, j'irai vire Madame eune telle, alle a du viu vin, et j'sus bin sûr qu'a n' me r'fusera point cha pou te r'guérir. — Ah ! bin, mon Dhiu ! qu'alle dit chelle fille, qu'mint volez-vous qne ch'boche du vin, pisque j'ai du ma assez d'invaler de l'tizane... Infin, v'là chelle mère qu'alle cache din s'n esprit s' qu'alle pora dire à s' fille, et pu alle li dijot, pu alle étot trisse, et à n' dessérot pu les dints, si bin qu'chelle pauve femme alle étot réusse... Infin, après avoir bin busié, alle finit par li dire : acoute bin, m'fille, prinds corage, et dès qu' t'es guérie, j' te marierai.

— V'là l'visage d'chelle fille qu'y d'vient tout épanoui, et alle dit tout d'suite :
— Ah bin ! ma mère, vo m' f'rottes toudis rire quand j'sus malade !...

Il n'y a pas longtemps, y n'y avot tout près d'Douai un bon fermier, maire de s'commune, qu'il avot un domestique qu'tous chés gins du village qu'y z'app'lottent monsieu Louis. Un jour, ch'fermier y tue eune fouine din s'cour, et il invot monsieu Louis à l'ville pou vinde s'piau, in li dijant d'faire bin attintion de n'point l'donner sinon bin d'avoir chelle pièche toute ronde. V'là ch'l'homme qui s'in va brav'mint, il arrive chez eune marchande d' pell'trics et y li fait vire chelle piau.—Chelle femme à li in offe sept francs. — Vo volez rire, qu'y li répond monsieu Louis; acoutez bin, arringez-vous comme vous ll'intindez, y m'faut chelle pièche toute ronde. — J'sus cotint, qu'alle dit chelle femme. Et alle r'vient un momint après, in apportant à monsieu Louis eune belle pièche d'chinq francs, que ch'ti-chi met brav'mint din s'poche, et y s'in r'tourne fin contint à sin village.

Du pu long qu'y vot sin maite qu'il étot d'sus l'pas de s'porte, y li crie in li moutrant chelle pièche : je ll'ai, dà, ch' maîte, l' v'là !...

In rintrant y raconte toute suite qu' chelle femme qu'alle arot bin voulu ll' indormir in li offrant sept francs d'chelle piau d'fouine ; mais, qu'y di, je li ai dit, qu'chétot à prinde ou à bin à l'laicher là, et qu'y m'fallot chelle pièche toute ronde... Et vo véïez bin qu'alle a été cotinte assez d'y mette les poches !...

In v'là deux bonnes : — Premier, chet eune servante d'no paroisse des Wios que ch'médecin qu'il avot ordonné à s'dame d'l'huile d'Crétone d'sus s'n estomac, si bin qu'au bout d'quéques jours, chelle femme alle vot qu'cha n' li fait point d'effet. — J'm'attinds que ch'n'est point de l'bonne, qu'alle dit à s'n homme. — Dauphine, s'méquenne, qu'alle intind cha, alle dit comme cha tout seu : jé n's'rai point gêné d'savoir cha. — Au soir, in s'couquant, alle prind de ch'l'huile et alle in graisse à mort s'n estomac in dijant : comme cha j'porai dire à madame quoi et qu'mint...

Mais ch'n'est point tout : deux tros jours après v'là chelle pauve Dauphine qu'alle vient rimplie d'pu d'mille boutons, qu'à n'in povot pu, que ch' médecin qu'il a eu un ma du diabe pou les faire passer, si bin qu'alle a bin promis eune aute fo de n'pu r'comincher eune cosse parelle.

L'deuxième affaire, chet un bon garchon qu'y n'y avot un tiot ouvrage à faire din eune cambe, et un apporte eune équelle qu'alle étot trop grande pou l' mette comme y faut. — Ch' garchon y dit brav'mint : Pourtant, cha irot bin si un coprot eune coupe d'bougeons à ch' l'équelle. Et si ch' n'est qu'un a fait attintion, il allot s'mette à l'ouvrage pou soïer ch'l'équelle.

A ch't'heure v'là un grand brave garchon point seul'mint de l'paroisse des Wios, mais même qui restot tout près de m'mazon. — V'là s'dame qualle li dit : Acoute, min tiot, j'viens d'acater quéques pigeons, te vas t'in-aller les pleumer. — Aüi, Madame, qu'y répond ch'garchon. — V'là qui s'in va brav' mint tout près de ch'tro à feumier, et y s'met à pleumer eune d'chés pauves biêtes. Tout d'un co v'là un d'ses camarades qui passe tout près d'li, et y vot ch'pigeon qui s'débattot tant qu'y pouvot et l'aute qui li avot déjà inl'vé les tros quarts d'ses pleumes. — Pou l'amour du bon Dhiu, t'es point sot d'faire comme cha du ma à chés biêtes en les pleumant tout vivantes !... — Acoute, l'aute qu'y répond, Madame alle m'a dit d'pleumer ses pigeons, mais à n'm'a point parlé d' les tuer !..

Eh bin ! mes gins, quoche vo z'in dites ? Din l'temps Brûle-Mazon y couïonnot toudis chés Turquennos ; quoche qu'il arot bin dit de ch'ti-chi ? Eh bin, ch'que j'vo dis là chet, comme toudis, la pure vérité, et ch'grand garchon il est incor là vivant et parlant ; au resse, cha vient tout caud d'arriver...

Après eune cosse parelle, un peut bin r'prenne s'n haleine ; aussi, mes gins, j'vo salue.

Novembre 1867.

LII.

V'là ichi eune lette qu'j'erchos d'un d'chés braves copères d'Douai, qui resse din Paris.

« d'Paris, l' 28 d' janvier 1868.

« Eh bin, min bon copère, qu'mint qu'cha va à vo mazon ? Et vo femme, et vos infants, êtes-vous un p'tiot peu cotint d'leu santé ? — Alors, tant miu ; l'bon Dhiu il est si bon et pis il a trop quer' chés braves gins de l'paroisse des Wios-Saint-Albin pour les laicher souffert.

» J' vo sohate à tertous eune bonne et heureuse année et l'acomplich'mint d'tous vos d'sirs : chet d'bon cœur, dà, copère, que j'vo l'sohate, et j'sus bin sûr qu'vo l'prindrez comme cha.

» J'ai été un p'tiot peu long à réponde à vo bonne lette : j'busios souvint : Qu'mint faire pou écrire à un homme si malin, qui fait des si biaux liffes? J'sais pu gramain écrire, m' v'là viu, copère, m' tiête alle cominche à batte l'berloque. Y faut tout dire : Quand j'étos tiot j'allos à Douai à l'école d'mon onque Monchy ; j'faijos souvint queuette pour aller cacher des cramoutons ou bin euné botte d'coucous, et pis un faijot l'équeumette d'sus ch'rempart ; l'lind'main mon onque y tirot m'z'orelles, j'brayos comme un viau... — J'm'in r'pins bin à ch't'heure, mais v'là qu'mint qu'je m'console: Pou faire des maronnes j'in sais toudis assez ; j'sais faire mes chiffes, j'les fais l'pu gros que j'peux, et cha va tout d'même. Cha n'nous a point impêché d'faire les Rois : Comme j'biscos qu'vos n'étotes point là aveuc chés tiots bïets qu'un crie à deux douppes din chés rues à Douai ; nos arotes bin ri, copère : Ch'jour-là un casse l'co à eune vielle bouteille pleine d'toiles d'araingnies : Cha fait crier : *Ro bot !...*

» Mais à l'semaine d'Pâques nous s' rattrap'rons à Arras ; cha s'ra eune fiête que l'noce d'chelle bonne tiote fille: vraimint j'in brais d'avanche !.. J'aros bin du chagrin de n'point vos y vire aveuc vo famille : pour mi, chelle fiête alle s'rot manquée ; mais j'vous vos d'avanche là tout l'premier aveuc vos biaux sorlets bin luijants et vo tiête bin démêlée à coûte qui coûte, copère, chet pas toudis l'noce !.. Et pour l'plaisi qu' j'aros d'vos y vire, je m' mettros in quate putôt qu' d'y minquer : j' tire min cœur et min filet que j'dis vrai.

» In attindant ch'biau jour, j'vos baje tertous à bouquette d'bin bon cœur, copère ; j'vos salue.

M.......

LIII.

Ch'l'homme qui cache à s'marier, mais qu'il est gramain trop difficile.

J'viens d'erchevoir chelle belle lette ichi :

« Min viu Camarade des Wios Saint-Albin, y a si longtemps qu'vous nous faites plaisi aveuc tous vos variétés et tous chés cacheux et toutes sortes d'histoires ; vo nous faites bin rire

» J'va vos in dire eune toute nouvelle : J'ai un viu ami que d'pis six ans d'ichi qu'y cache eune femme et qui n'in treuve point eune din Douay ni din nos invirons. Y va à tous chés marquets St. Amé, y n'y in a point incor à s' mode. J'l'y avos annonché eune cousine à Denain, dù qu'y n'avot qu'à porter sin bonnet d'nuit et s'canne pou s'prom'ner. Y nn'a point incor volu : Alle n'étot point belle assez. Il in veut eune aveuc des biaux yux et eune belle bouque, et eune belle tournure et des biaux dints ; y n'y a tros mos inviron y s'a adréché au pu riche ed' nos invirons pa l'porte d'Arras, il a d'mindé à ch' monsieu l'main d's'fille, mais malheureusemint pour li alle étot promis et alle s'a mariée quinze jours après.

» Y m'ed' deminde toudis des consels dù ch' qui s'adréchera pache qu'y veut ête marié pour Pâques ou pour el'Péntecôte au plus tard.

» J'sus matte ed'li dire qu'un n'va point aveuc un biau sac à ch'meulin ; y n'veut point m'accouter : j'espère qu' vous li donnerez des consels et qu'y vous accout'ra plutôt qu'mi.

» Je n'sais pu dù ch' qu'il irot pour in treuver eune ed'sin goût : si vos savez cha miu qu'mi, y faut l'y annoncher ; pour mi je n' m'in mêle pu du tout. »

Février 1868.

LIV.

LETTE A CH'VIU HOMME DE L'PAROISSE DES WIOS

Antoine à ch'cousin Louis.

« Pou ch'co ichi te n'pourras point dire qu' te n' groules point : t' as mingé du qu'va et t'n'as point busié à m'enn'offrir un morciau; ti, qui offros si bin, l'année passée, chelle trinque ed' gambon d'amitié d' Gayant, je n' te r'connos pu.

« Te n'pourras point dire que ch'n'est pas cha; j'ai vu accater pour ti un morciau d'pu d'quate lives à rôtir; je m'pourléquos d'avanche in busiant qu' t' n'aros point manqué d' m'inviter hier au soir; j' vos qu' j'ai été broïé. Cha m' fait du ma à min fi, mais je n' mouserai point pour cha.

« Chet toudis eune belle invintion qu'

chelle viande ed' queva et chou qui n'i a d'pu biau, ch'est qu' ch'est din no quartier des Wios qu'alle s'a montré premier. Viv' S{t}-Albin et Jean-de-Bologne pou l'progrès ! Aussi faut vire ch' maite André comme i vous décoppe cha, un vrai bide. Ch'l'écuyer tranchant des rois i n' sarot point li faire fique.

« Faut espérer qu'quand chelle viande-là qu'alle s'ra bin établie ichi, un n'nous faiche point avaler ch'l'anguille in nous digeant qu'ch'est toudis de ch'biau qu'va qui s'a cassé eune gambe el' semaine passée qu'un nous donne, et qu'y n'y ara jamais d'réjouissance.

« Je n'sais rien d' pu nouviau si non qu'chés crinolines s'in vont. Chés dames y mettent à ch't'heure des tiots bibis à deux étaches tout déchiquetés et crinelés par in bas comme chés tours du temps d'Gayant par in haut.

« Cha n'est point biau, mais un s'y f'ra : chés chignons i z'ont l'air d' s'in aller aussi ; je n'sais point 'cor chou qu'y mettront à leu plache.

Mars 1868.   » Antoine. »

LV.

Ch' biau cloquet d' Douai. — Comme quoi qu'un ll'arringe comme y faut, et pis chelle cérémonie de ch' lion qu'il a déquindu sam'di passé.

Vo savez comme mi, mes gins, que ch' cloquet de l'ville qu'chet l'pu belle pièche qu'un peu vire d'fin long d'ichi ; mi qu'je nn'ai déjà vu eune masse tout partout, je n' saros point vo z'in moutrer un si bin fait. J' sais bin qu'y n'y in a gramain d'pu hauts, malgré que ch' ti chi qu'il a chint quater-vingt-six pieds six pouches, qu'cha fait chou qu'chés gins d'à ch'l'heure qui z'appell't soixante mètes et pis trinte-tros chintimètes ; mais, n'importe : y faut vire queu biau cloquet qu' no z'avons tout in grès tout d'pis in haut s'quin bas, et qu'il a été qu'minché y n'y a à ch'heure pu d'quate chint septante ans, et qu'no grosse cloque d'Gayant qu'alle sonne là d' din tout d'pis l'an un mil quate chint septante-et-un, et qu'chet un si biau bourdon pou l' son qu'y n'y a point d' cha ; chés musiciens y dittent qu'alle cante in si-bémol. Pou ch' l'horloge alle arot à ch' t'heure pu d' deux chints ans, mais un nn'a r'mis eune aute y n'y a point gramain longtemps, même que ch'ti quil avot acaté chelle viéle y s'a mis d'in s'tiète qu'y povot importer aussi din s' mazon ch tambour qu'y faijot aller ch' carïon tout seu, si bin qu'à ch't'heure, à l'plache d'intinde un biau air à tous ch'z'heures et pis incor chés d'mi-heures et pis chés quarts, un n'intend pu qu'un tiot din-don. — J'espère bin que ch' dindon-là un va l'mette à l'broche pindant que ch'z'équelles qu'alles sont là et qu'un no mettra un biau tambour tout neu quand qu'un r'pindra les cloques de ch'carïon.

Mais r'venons à no cloquet.

R'wettiez qu'il est biau aveuc s'grosse

tour carrée, et pis chés créneaux, et pis tout in haut à chés quate coins chés bellés tiotes tourelles à ferniettes, aveuc des incorbellmints et pis des tots pointus aveuc des tiotes lucarnes que ch' z'architèques qu'y z'appellent cha trilobés, et pis chelle belle flèche d'au mitant à huit coins, aveuc gramain d'étages et pis des gal'ries qu'cha fait des as d'trèfe, des tiotés ferniettes et pis d' z'affaires qu'cha dépasse l'resse, aveuc pu d'chinquante girouettes in cuive et pis tout in haut ch'lion Belgique qu'il est aussi tout in cuive, qu'il a un mète septante d'hauteur et pis qu'y pèse, aveuc s'bannière, deux chint chinquante-quate lives. Un ll'a déjà déquindu tros fos pou ll'ermette in or : in 1704, 1735 et pis in 1812 ; au d'sus de s'tiête un vot marqué 1683, cha veut dire qu'il est là tout d'pis ch' temps-là.

Si bin qu'no cloquet un va ll'ermette tout à neu. Vous s'rapp'lez bin qu'y n'y a quéques z'années tout chelle belle tour in grès qu'alle a été arringée du haut in bas un n'peut point miu, si bin qu'din deux chints ans d'ichi y n'y ara incor rien à y faire. Mais ch'n'est point tout : chelle grande flèche in carpinte qu'alle va tout in haut au mitant et pis chés tiotés tourelles des quatre coins y z'étottent tout consommées ; je ll'ai vu mi-même, y n'y avot vraimint pu rien qu'y t'not, à forche qu'chet viu, et j' faijos aller des grosses piêches d'bos tout partout qu'un arot juré un infant qu'un berch'rot. Il étot jolimint temps de s'y prinde, sans cha ch'guêteux il arot pu déquinde par un biau jour d'sus ch' z'abat-vint in compagnie des cloques de ch'carion. Infin un fait là un biau ouvrage qu'y fallot absolumint l' faire, et tous chés gins y s'ront bin cotints.

Je n' peux point faire autermint que d'vo dire l'plaisi que j'ai eu in montant là tout in haut d'vire ch'biau ourdage que ch'maite Dhainaut qu'il a là fait pour intourer chelle grande flèche tout jusqu'in haut et pou que ch'z'ouverriers qu'y n'y ait point d'danger pour eusses.

Mi j'appelle cha ouvrer : à li l' coq ! un n'peut point vire quette cosse d'miu fait et pu sub'til'mint : un pora ouvrer là comme a s'n établi, sinon bin qu'un ara un p'tiot peu pu d'vint.

Ch' l'ourdage fini sam'di passé, qu' chétot l'huit d'août, un s'a mis à l'ouvrage pou faire déquinde ch'lion pou ll'erdorer. Au matin j'avos volu li rinde visite avant qu'y s'in aille. Mais arrivé à chelle gal'rie in haut, qu'chelle cage qu'à n'étot point incor finie, j'avos incor d'vant mi si haut qu'un tiot étage à monter, et y fallot grimper d'sus des barres d'fier, et je n'osos point gramain ; mais par bonheur y s'trouvot là deux braves gins qu'y m'ont posé fait à fait pindant tros fos eune tiote équelle, même que m'accrochos pindant qu'un l'mettot pu haut, si bin qu'j'ai arrivé à chelle tiote plate-forme qu'in m'erdréchant j'étos pu haut que ch'lion, si bin que j' l'y ai fait une tiote caresse d'sus s'tiète. — Infin, à l'heure de r'chenner. qu'il étot bintôt chinq heures après midi,

y n'y avot din l'rue d'Halle un monne
bintôt comme à Gayant, et v'là tout
d'un co qu'un vot déquinde tout douch'
mint ch'lion tout du long d'chelle corde
que ch'maîte Gouy qu'y t'not in bas. —
L' v'là ! — qu'tous chés gins qu'y crit-
tent. — Infin il est déquindu, et tout
d'suite v'là Moronvalle ch'fiu qu'y sorte
d'raideur de l'porte de ch' cloquet et
qu'y vient faire eune baise à bouquette
et à grands bras à ch' lion ; et un arot
juré qu'cha faijot plaisi à ch'lion, pache
qu'y fermot ses yux in riant et y passot
s'langue d'eune demi-aune. — Après,
v'là grand'père Moronvalle qu'il arrive
à sin tour in essuyant ses yux à forche
qu'il étot cotint, et y baje ch'lion in di-
jant ; — Allons, min tiot, chet pou l'
deuxième fo que j'te vos déquinde ! —
Après, v'là des gins qu'y z'acqueurent
et qui faittent bajer ch'lion à leus tiots
infants ni pu ni moins qu'à Gayant quand
y bajent Binbin ..

Infin, tout s'a bin passé ; un dit qu'no
lion qui s'ra r'mis à plache tout neu doré

pou l'quinze d'août, et in attendant y faut que j'vo diche queu plaisi qu'j'ai eu in haut à ch'cloquet in véïant chelle belle tourelle qu'alle vient d'ête finie fin bin et qu'cha f'ra un effet superbe quand qu'tout s'ra arringé. — Mais acoutez bin, mes gins, j'ai toudis laiché dire qu'y n'faut point brader s'tarte pour un œuf ; aussi, croïez-me : vo véïez qu'chés tiotes girouettes et pis chés solels dorés qu'chet fin joli ; mais y faudrot pou bin faire dorer aussi chés boules et chés tiots ornemints qui tiennent chés bannières ; chet point là eune fameuse dépeinse, même qu'gramain d'gins qu'y donn'rott'nt bin un tiot quette cosse d'leu bourse d'bon cœur pou qu'cha suche fait.

Par ainsi, mes gins, j'vo salue.

Douai, 10 août 1868.

No Lion d' Douai.

LVI.

No Lion d' Douai tout in or ermis pindant qu' tous chés grosses cloques qu'alles sonnottent à l'grande volée, et pis tout ch' qui s'a passé pou ch' l'affaire-là l' 29 d'août.

Sam'di passé, qu'chétot l'29 d'août, tout l'ville d'Douai alle étot in révolution... Quoiche qu'y n'y a ?... qu'tous chés femmes qu'alles dijottent in s'mettant à leu porte. Intindez-vous bin comme un sonne à l'ville ?.. — J'm'in va vo dire, mes gins : chet que ch'jourlà un r'mettot ch'Lion arringé tout neu in haut d'no cloquet, si bin qu'comme de jusse y fallot bin aussi faire avoir du plaisi à tous chés gins in leu z'annonçant cha. — V'là d'sus les dij heures au matin qu'un sonne l' premier co : L'grosse cloque d'Gayant, l'cloque d' l'ertraite, l'cloque du ramonnage, tout allot à l' grande miséricorde, si non bin l'grosse cloque d'l'heure qu'à n' pouvot point aller aussi din ch'momint-là, pache pou monter tout in haut in déhors de ch' l'ourdage y fallot passer tout conte chelle cloque-là, et qu'un arot pouvu attraper un co d'martiau comme d' certains qu'y nn'ont eu ch' mos ichi à Cambrai à Martin et Martine, du moins à ch'qu'un dit, attindu que j'n'y étos point... Pou ch' carïon y n' povot point aller non pu, attindu qu'un a déquindu tous chés cloques pou ll'arringer.

V'là donc à ch'l'heure-là, qu'il étot dij heures, eune masse d'monne accouru d'tout partout de l'ville, tous ch'z'ouverriers in haut de ch'cloquet aveuc des grossés cordes pou faire monter ch'Lion qu'un avot mis din eune grande caisse bin rembourrée, et pis li-même qu'il étot bin arringé din du papier d'soie pou n' point abîmer sin biau habit in or...
— A onze heures et demie l'deuxième co y sonne, chétot ch'Lion qu'il arrivot tout in haut. Din l'momint qu'un crie

comme cha : *Cha l'y est !...* V'là tous chés gins qui claquent des mains in criant : Bravo ! vive no ville d'Douai !...
— Après midi un s'a r'mis à l'ouvrage pou poser l'bannière de ch'Lion et pis li finir s'toilette, si bin qu'à un bon deux heures et d'mie v'là l'dernier co qui sonne : chétot pour annoncer à tous chés gins qu' l'affaire étot faite, et pis qu'monsieu Vasse (Bertin), ch'l'adjoint, qu'y montot brav'mint tout jusqu'in haut de ch' l'ourdage et qu'il arrivot à ch'Lion pou mette d'din eune boutelle aveuc du plomb du ch'qu'un avot infermé eune affaire in parchemin aveuc chés armes d' Douai, et pis cha ichi écrit d'sus :

« L'an 1868, le 29 août, à deux heu-
« res de l'après-midi, sous le règne de
» Napoléon III, empereur des Français,
» et sous l'administration de M. Asselin,
» maire de la ville de Douai et de MM.
» Bertin Vasse et Emile Béharelle,
» adjoints, il a été procédé au replace-
» ment du Lion restauré de ce beffroi,

» pendant les travaux de réfection com-
» plète de la flèche dirigée par Auguste
» Pèpe, architecte de la ville, ayant
» sous ses ordres Auguste Bellin, piqueur
» des travaux. — Cette réfection a été
» confiée aux entrepreneurs Charles
» Dhainaut pour la charpente ; Verrier-
» Saudemont, couverture et plomberie ;
» Théodore Gouy pour la serrurerie ;
» Jules Sellier pour la peinture et la
» dorure ; Adolphe Elie pour les cui-
» vres. — En témoignage de ces faits
» nous avons dressé le présent procès-
» verbal, que toutes les personnes ci-
» dessus ont signé avec nous les jour,
» mois et an susdits..... »

Après qu'Monsieu Vasse qu'il a fini l'cérémonie, y déquint de ch'cloquet, et in passant à ch' l'indro dù ch'qu'un sonnot tous chés cloques, chés sonneux y li ont donné un biau bouquet, si bin qu'après cha no brave adjoint il a r'mis pour tous ch'z'ouverriers et chés sonneux de ch'cloquet un pour-boire qu'un a bu à l'santé de ch'Lion hardimint squ'à minuit.

J'avos oublié d'vo dire d't'à-l'heure que d'sus chelle caisse comme un a monté ch'Lion y n'y avot un tiot d'visage inter' ch'Lion et chés gins d'Douai, à peu près comme cha ichi :

CH'LION.

Adhiu tous mes brav's Douaisiens :
J'ermonte pour chint ans au moins.

CHÉS GINS D'DOUAI.

Adhiu, si un jour te r'déquints
No n'arons pu d' ma à nos dints.

In d'zous de ch'Lion, y n'y a chou qui forme l'tige d'chelle grande flèche, qu' chet à huit pans, et tout in plomb. Un vot marqué d'sus chés armes d'Douai, et pis les noms d'tous chés gins qui sont d'sus ch'procès-verbal, et pis incor chés ouverriers qui z'ont ouvré, si bin tout cha qu' chet eune admiration, à forche qu'chelle carpinte, chelle plomb'rie et tout ch' qu'y s'in suit qu' chet bin fait qu'un porot l'mette à ch'l'esposition à

Paris ; aussi je n'peux point faire autermint que d'vo r'mette ichi leus noms comme un les vot marqués in haut de ch'cloquet : *ch'commis-carpintier* : J.-P. Mahout ; *chés carpintiers* : G. Delagarde, A. Gilles ; *chés couvreux* : F. Lemettre, H. Charlet. — Infin, pour tout vo marquer ichi d'sus, y n'y a aussi l'nom de ch'chroniqueux d'Douai, vo serviteur, qu'il étot présent à l'pose de ch'Lion, même que ch'nom-là qu'il est marqué d'sus ch'pan tout vis-à-vis dù ch'qu'un vot de d'là l'Intrée des Ieaux.

A ch't'heure, mes gins, acoutez bin ch' que j'vas vo dire : faites bin attintion à vous : vo n'arez jamais pu si bel, pindant que ch'l'ourdage qu'il est là soignez bin no cloquet ; vous savez comme mi que ch' cloquet chet l'honneur d'un indrot, et qu'quand qu'un est déhors qu'un soupire tant pou ll'ervir, et quand qu'un ll'ervot qu'un brait à forche qu'un est cotint. — Ainsi, y n'y a point à dire, mes braves gins du Consel, n'liardez point surtout pour impêcher que ch' cloquet qu'y suche bin biau, sans cha tous chés gins d'Douai y vo z'in vodrottent. — Vous véiez comme tout l'monne qu'y s'met in quate pou parfaire cha comme y faut : Maire, adjoints, architèque, piqueur de ch'z'ouvrages, maîtes et ouverriers, infin tous chés gins y z'œuv't d'cœur et d'corage pou nous faire un biau cloquet, et y n'y a point un homme qu'il a v'nu au monne din Douai qu'il ira à l'inconte d'eune cosse comme cha : aussi, inter nous soit dit, chet heureux pour nous autes d'avoir tout purs Douaisiens pou parfaire ch'l'affaire-là. — Allons, véions, à ch't'heure y faut absolumint r'dorer ch'z'ornemints à chés bannières pou faire ersortir ch' biau ouvrage ; après cha n'oubliez point no carïon. — A propos, un pale toudis de ch'carïon d'Dunkerque comme d'l'étoile à queue, même qu'un a fait eune canchon d'sus et pis de l' musique d' toute sorte : mi je ll'ai vu l'mos passé, ch'carïon-là : il a tout jusse quarante-deux cloques, et chés pus grosses à n'

11.

val't point chelles d'no carïon ; pou ch'son, sinon bin qu'nos avons quéques tiotes cloques qu'à n'sont point bin d'accord, sans cha il irot hardimint aussi bin. — No carïon il a trinte-huit cloques ; un ll'a déquindu pou ll'arringer ; eh bin y n'y a qu'à r'fonde quéques tiotes cloquettes pou ll'ermette d'accord, et y n'y ara pas b'soin d'faire trinte liues d'quemin pou intinde ch'carïon d'Dunkerque, no nn'arons un si biau qu'eusses. — Surtout in ll'ermontant qu'un fasse bin attintion de n'pu r'mette chés vilaines machines in déhors de ch'cloquet dù ch' qu'un avot pindu des cloques de ch'carïon : y n'y avot rien d'pu vilain au monne ; l'pu biau d'tout chet qu'y s' trouvot là des grands diabes d'tros, qu'un véïot d'in-bas, dù ch' qu'y n'y avot rien du tout, et putòt que d'mette là chés cloques, un l' z'avot fourrées d'sus eune carpinte in déhors qu'cha faigot eune grimace indinne, et qu'cha bradot tout chelle belle flèche du côté qu'cha pindot.

Après v'là l'tambour de ch'l'horloge qu'y faudra r'faire pou juer d'z'airs à ch' z'heures et pis chés d'mi-heures, et pis ll'arringer comme chés sérinettes, si bin qu'in bougeant un tiot quette cosse un peut canger d'air.

Allons, mes gins, bon corage ; arringez tout cha comme y faut, et tout ira bin. — A propos, y faut ête jusse : cha n's'rot point bin d'oublier d'dire qu'un n' sait vraimint point qu'mint qu'not architèque qu'y peut y r'venir, à m'ner si bin tout cha, surtout in busiant à chelle masse d'ouvrages qu'y n'y a à ch' t'heure din Douai. et pis incor ch'maîte Bellin qu'un vot bintôt tout partout à l' fo aveuc ch'z'ouverriers : mais mi j' devine cha tout jusse : chet deux gins d' Douai, et quand qu'un a quer' s'ville, un n'sint point sin ma quand qu'chet pour elle qu'un œuve.

Avant de r'déquinde de ch'cloquet, j'vodros bin vo dire ch' qu'un découve d'là in haut din tout l'ville, et pis incor ch'qu'un y intind ; mais cha m'menn'rot trop long, et pour aujord'hui j' n'ai point l'temps d'vos in dire davantage.

Par ainsi, mes gins, j'vo salue.

31 août 1868.

LVII.

Lette d'un brave homme né natif d' Cambrai.

Ed'chelle ville d' Beauvais in Picardie,
l' 9 de ch' mos d' novimbe 1868.

Min braf' monsieure d'chelle paroisse des Wios-St-Albin,

Wettiez in pau comm' cha réquiet : ch'lingache d'Kimbré, y r'senne beaucoup à ch'ti d'chés gins d'Douay ! d'ù qui résulte q'les deux cha fait cosins-germains. Cha fait itout q'nos povons nos comprenne, maugré q'vo s'rottes infint d'Gayant, et mi que j'ros infint d'Martin.

Min cœur et min filet ! j' n'auros jamais pu pincher qu'y n'y avot core ed'zécrivains capapes ed'ramentuver des drôlés d'histoires comm' chà ! si bin q' vos avez minqué de m' faire crever m' pinche, forche d' rire, q' j'avos l'air d'in inragé pris d'el dinse d' Saint-Guy !

Mais tout chà ch'est bel et bon ; je n' vos in dos mie moins pus d'mille ermerchimins et coplimins d'vo n'attintion d' m'avoir invéïé in si biau lifé. Et dire q' vos avez réuminé, rabobéné et concubiné tout chà eddins vos tiête ! et par après q' vos ll'avez marqué d'zeurs in tas d'morciaux d'papier ! et puis infin des fins, q' vos ll'avez moulé dins vo n'imprimerie ! ! !

De ch' coup-là on peut bin vir eq'vos sin chavez à vos tout seu, tros fos pus eq-dix aut's qui n'sarotent rin du tout. Sins compter q'vo mécanique al' fait de l'fameusse bésoine : car sin moulache il est si clair qu'in l'lirot sins kindelle, aveuq el'zyus quervés, au fond d'eune bofe, in plein minuit.

Par ainsin, vos povez bin compter q' si queuq' jours, l'diape i boute dins m' cervelle d' publier eune saquoie, j' carionnerai à l'sonnette d'vo boutique par avant d'aller vir ailleurs.

In attindint, j' vos mets sus ch'papier chi mes coplimins, incore eun' fos, gros comm' des bâtimins, et pour finir par chelle fin, j' vos défule min capiau.

Mes révérinches à ch' comarade Edlatt' que j' l'y sus fin obligé d' chou qui vos a baïé m' nadrèche.

B. de L.,
né natif d' Kimbré.

LVIII.

Eune nouvelle canchon d' Gayant, pa ch' maite Desrousseaux, d' Lille.

Eh! bin l'bonjour, m'z'amis; qu'mint va-t-y d'pis l'temps qu'nous n'avons point d'visé insonne? J' m'attinds qu' tout va bin din vo mazon? Tant qu'à mi, cha pourrot aller quéque fo pas si bin qu'cha va; par ainsi y faut incor ête cotint.

Mais chet pas cha que j'volos dire, chet qu'un vient d' faire din Lille eune nouvelle canchon d' sus l'fiête d'no grand'père Gayant, même qu'chet ch' maîte Desrousseaux, et que ch'gaïard-là qu'il arringe tous ses canchons fin bin din des lives qu'y nn'a à ch't'heure fait pu d'quate, pisqu'il œuve d'sus l'chinquième, qu'cha arrive comme cha par douze pages à l'fo, même qu'y n'y a à

l' première eunc belle image ; après cha y
n'y a deux bellés canchons et infin tout
au d' bout chelle musique, qu'alle est
aussi fait pa ch' maîte Desrousseaux,
pou canter cha comme y faut à l'coëtte
à l'coin de ch' l'étuve, et un a tout cha
qu'cha n'coûte point tant seul'mint l'ar-
gint d'eune canette, pisque ch' n'est
qu'tros sous, point davantage : un n'
voudrot vraimint point s'in passer, sur-
tout qu'un sait qu'chet fait par un mâtin
à poils…. Allons, j' m'in va vos canter
chelle canchon qu'je dijos d'à-l'heure :
acoutez bin :

HOMMAGE AUX ENFANTS DE GAYANT.

Air national de Douai.

Je m' rappelle qu' dins min jeune ache,
J'avos pour compagnon fort gai,
Un garchon in apprintissache
A Lill', quoiqu'il étot d'Douai.
Heureux, comm' chés bons vieux soldats
Rapp'lant leus victoir's, leus combats,
I parlot souvint d'sin pays,
De s' biell' fiête et dijot toudis :

« Ah ! mes amis, qu'ch'est eunn' biell' fiête ?
Qui n'a point vu cha, n'a rien vu.
Pou' s' divertir au bal, à l' guinguette,
  Turlututu !
 N'y-a point d' temps perdu. »

V'là comme i racontot s'n affaire :
« On fait cheull' fiête eun' fos par an.
Quoiqu'ell' dure eun' semaine intière,
Elle est trop courte incor, pourtant.
Croyez qu' ch'est l'opinion, mes gins,
Des tros quarts des bons Douaisiens. . . ,.
Ah ! tant qu'à mi, je n'vodros l'vir
Jamais qu'mincher, jamais finir. »

« Ah ! mes amis, qu' ch'est eune biell' fiête
Qui n'a point vu cha, n'a rien vu.
Pou' s' divertir au bal, à l' guinguette,
  Turlututu !
 N'y-a point d'temps perdu. »

« Vous connaichez sûr'mint l' famille
D' no grand-pèr', qu'on appell' *Gayant* ?
Tros jours, on l' pourmèn' dins tout l'ville,
Tambour battant, l' père in avant.
A côté d'li, s' femm' *Cagenon*
Et s'mam'zell' qu'on appell' *Fillion*,
Sin fieu *Jacquot* et *tiot Binbin*,
Avec un p'tit molin dins s' main. »

« Ah ! mes amis, qu' ch'est eun' biell' fiète
Qui n'a point vu cha, n'a rien vu.
Pou' s' divertir au bal, à l'guinguette,
   Turlututu !
 N'y-a point d' temps perdu. »

« A *tiot Binbin* faut que j' m'arrête,
Su' sin compte j' n'ai point fini,
Car vous vodrez savoir peut-ète,
Pourquoi qu'on l' l'appell' *tiot Tourni*.
V'là les motifs qu'on m'a donnés :
Ch'est qu'il a les yeux mal tournés... —
Pour cheull' raison, ch' petit nounou,
A Lille, arot l' nom j'té d' berlou. »

« Ah ! mes amis, qu' ch'est eun' biell' fiète !
Qui n'a point vu cha, n'a rien vu.
Pou' s' divertir au bal, à l' guinguette,
   Turlututu !
 N'y-a point d' temps perdu. »

« Quand on vot sortir du musée,
Cheull' famille in costum' brillant,
On tir' les cloque' à l' grand' volée,
L' carillon ju' *l'air de Gayant*.
Air connu, vrai comme j' vous l' dis,
Des musiciens d' tous les pays,
Et qui donne à nos gins d' Douai,
In toute occasion l'cœur bien gai. »

« Ah! mes amis, qu' ch'est eun' biell' fiète!
Qui n'a point vu cha, n'a rien vu.
Pou' s' divertir au bal, à l' guinguette,
   Turlututu!
  N'y-a point d' temps perdu. »

» Et d'puis l' matin jusqu'à la brune,
Avecque l' *sot des calonniers*,
In mêm'temps que l' biell' *Reue d'Fortune*,
Gayant pass' dins tous les quartiers.
Pour admirer ch' roi des géants,
Chacun ouvre ses yeux tout grands.
Li, ses infants, et *Cagenon*,
Point fiers, dans'nt un biau rigodon. »

» Ah! mes amis, qu' ch'est eun' biell' fiète!
Qui n'a point vu cha, n'a rien vu.
Pou' s' divertir au bal, à l' guinguette,
   Turlututu!
  N'y-a point d' temps perdu.

» A ch' moumint là, n'y-a pus d'gins chiches.
Queull' bonne affair' pour les marchands!
Car un chacun, pauvres comm' riches,
Veut s' donner quéq's jours de bon temps.
On s' régal' tertous d'bons morciaux,
Sur chaq' table on vot des gâtiaux.
On consomme assez d'bière et d' vin
Pour fair' tourner pus d'un molin. »

» Ah ! mes amis, qu' ch'est eun' biell' fiête !
Qui n'a point vu cha, n'a rien vu.
Pou' s' divertir au bal, à l' guinguette,
   Turlututu !
N'y-a point d' temps perdu. »

Ah ! l' gai compagnon de m' jeunesse
In dijot, là-d'sus, bien pus long.
Chacun d'nous l' l'acoutot sans cesse,
Tell'mint qu'il y mettot de l'action.
J'ai vu, mi-même, d'puis longtemps,
Cheull' fiête, in vrai Roger-Bontemps ;
Ell' m'a donné tant d'agrémint,
Qu' pour min compte j' dis bien souvint :

Ah ! mes amis, qu' ch'est eun' biell' fiête !
Qui n'a point vu cha n'a rien vu.
Pou' s' divertir au bal, à l' guinguette,
   Turlututu !
N'y-a point d' temps perdu.

Par ainsi, j'vo salue tertous.

13 novembre 1868.

LIX.

Eune chasse au Renard.

Un n'peut point faire autermint que d' raconter eune crâne chasse qu'alle vient de s'faire chés jours ichi tout près d'Cantin ; acoutez bin chelle-là. V'là un chasseur (y n'in f'ront jamais eune belle!) qu'il arrive tout essouflé din ch' village in dijant qu'il a vu un renard qui rodot tout près de d'là... V'là tous chés gins qui z'acqueurent : ch' ti-chi aveuc un fusil, ch' ti-là aveuc eune fourque, d' z'autes aveuc un bâton, et v'là qui vont-t-in guerre, comme din l' temps Malbrouck.

Un vot ch' renard, un l'erlance... Un passe ch' z'étangs, un saute chés fossés et un queurt d' tous les côtés, chet comme si un cant'rot; un n'est pas gêné d'vire qu'chelle biête qu'alle connot fin bin ch' païs et qu'bin sùr qu'alle vit déjà d'pis quéque temps din l' z'alintours d' chelle commune.

Infin, après avoir bin fait des tours et des ratours, après avoir bin des fos quéïu, ch' ti-chi din l'bédoule, ch' ti-là din ch' puriau, chés chasseurs y z'arrivent à traquer ch'renard.... Un crie : hallali ! et chelle pauve biête alle quet morte à cos d' fusil... V'là tous chés chasseurs qui faittent l' cherque pou vire ch' renard et l'promener in triomphe din ch' village. Quoche qu'y vottent ? — Chétot ch' thien de ch' garde champette qu'y z'avottent tué, croïant qu' chétot un renard !..

17 novembre 1868.

LX.

CHÉS CRIS D' DOUAI.

POT-POURRI.

Air : *de Gayant.*

Veux-tu que j'te diche min copère
Tout chou qu'un crie d'biau à Douai ?
    Des cris pu jolis et pu gais
    Qu'à Valenciennes et à Quimbrai,
    Qu'à Lille, à Orchies et Arras ;
    Nurvart, copèr' un n'intind d'cha.
R'wette, r'wette, acoute min copère
V'là chou qu'y critt' d'biau à Douai :
    Naviaux, peunntières et mourmoulettes
    Bruants, carottes et rémolas ;
    Vieux sorlets, verre cassé, braisettes,
    Et pis ant' cosse, et cœtera.
R'wette, r'wette, acoute min copère,
V'là chou qu'y critt' d'biau à Douai.

Air : *ma Normandie.*

Quand tout renaît à l'espérance
Et que l'hiver fuit loin de nous,
Brave gamin fait diligence
Pour attraper un ou deux sous.
Quand la nature est reverdie,
Quand l'hirondelle est de retour,
J'entends le gamin qui s'écrie :

(criez, avec imitation :) *à bruants, bruants, quate pour un doube !..*

Air : *Jeune fille aux yeux noirs.*

Jeune fille de Sin, tu transportes mon âme
Quand tu viens moduler tes chants mélodieux ;
Ta voix vient dans mon cœur allumer une flamme
Qui m'excite, m'enivre et me rend tout joyeux.
  Viens, répète,
  Je t'achète
 Tes fruits délicieux ; Bis.
  Dis encore
  Ces accords
 Qui me rendent heureux :

(criez en imitant :) *Faut-y des biaux tiots jeunes rémolas, des rémolas comme des poires ! ! !...*

Air : *Encore aujourd'hui la folie*,
Ou : *J'ai trois amants de guerre.*

En promenant mes rêveries
Quand nous renaît le mois des fleurs,
Près d'un ruisseau, de nos prairies,
J'admire les tendres couleurs.
Alors tout bas, de mon enfance
En moi je redis un refrain
Qui me rappelle l'innocence
Où chaque jour était serein.

(criez) *A coucous, coucous, pour eune épinque; y sont si biaux qu'y vol't in haut !..*

Air : *Pourquoi me fuir, passagère hirondelle.*
Ou : *à mon beau château, ma tante Lire-lire-lire.*

Pourquoi gémir, plaintive cuisinière,
Du peu d'ardeur du feu de tes fourneaux ?
Pourquoi gémir, pauvre vieille grand'mère,
Si ton couvet, hélas ! n'est plus fort chaud ?
Consolez-vous, ne criez plus misère,
V'là qui réchauffe vos sens et vos fricots.

(criez) *Charbon de faulx, braisettes !....*

Air : *Chasseur diligent.*

Sav'tier diligent,
Quelle ardeur te dévore ?
Tu pars dès l'aurore
Tout en beuglant.
Froid, neige ni glace
N'ont point de rigueur ;
Le cuir et l'audace
Font seuls ton bonheur ;
Quand tu te présentes
Et que ta voix chante,
Laquais et servantes
Viennent t'étrenner.

(criez) *Viûs sorlets !!!...*

Air : *Ah ! vous dirai-je, Maman.*

Ah ! vous dirai-je, Maman,
Pourquoi j'ai le cœur content ?
Voici venir notre fête,
A bien danser je m'apprête ;
Voici les jours de Gayant ;
L' Lorain l'annonce en chantant :

(criez) *A r'fonde les cuillers d'étain !*
acheter, changer, rétamer les fourchettes ;
y a pas d'cuillers à fondre à la maison ?

Air: *Depuis longtemps, gentille Annette,*
Ou *gentille Annette sur la Coudrette.*

    Depuis longtemps, gentille Annette,
    Je n'entends plus ta voix doucerette,
    Chanter au coin de mon quartier
    A l'heure du goûter, du déjeûner.
    Que ta voix me paraissait belle !
    Plus charmante que Gabrielle,
        Tu m'attirais,
        Tu m'attirais.
    Ah ! je redis avec ivresse
    Ces doux accents qu'en ma jeunesse
    Toujours, toujours tu répétais.... *(bis)*

(criez :) *Punn' tières tout quéauds, tout quéauds, tout quéauds, tout quééé....... au au au auds ! ! !...*

Air : *Sous les murs du château d'Elvire,*
Ou : *Un jour le bon frère Etienne.*

    Vous qui méprisez l'existence,
    Pour qui la vie est en horreur ;
    Vous qui perdez toute espérance
    De voir un jour surgir le bonheur ;
    Venez, je vends un spécifique
    Qui sur le champ vous guérira
    De la fièvre et de la colique,   (*bis*)
    En vous le calme renaîtra.

(criez :) *Des cordes à l'buée ! cordes à pinde du linge !..*

Air : *Aussitôt que la lumière.*
Ou : *A' vous intindu dire, qu'y n'y a eu à Douai*

Quand la guerre est au ménage,
Que le désordre est partout,
Ah ! ne perdez pas courage,
De ce bruit consolez-vous.
Soignez bien votre vaisselle,
Vos marmites et vos plats ;
Laissez casser vos bouteilles,
Car voici qui les paiera.

(criez) *Marchand d'oches, marchand d'oches !.. Marchand d'verre cassé, vieilles loques ; peaux d'lièves, peaux d'lapins !.*

Air : *du Solitaire.*

Quel est ce personnage
Qui porte en un panier
Des débris de ménage,
Et que j'entends crier ?
Ecoutez, il jargonne :
Parle-t-il Iroquoi,
Ou la langue Saxonne ?
Malin qui dira quoi.

Ecoutez, il chante;
Ecoutez, devinez,
Devinez ce que c'est,
Ecoutez, devinez
    Ce que c'est.   *bis.*

(criez.) *Ah querrek kué keu kuerregt !* (1)

    Air : *de Saint Antoine.*

De l'univers moi seul je puis dissoudre
Les nations, les peuples, les états;
Et plus terrible que la foudre
J'embràserais les trônes et les rois.
    De Dieu,
    Du roi des Cieux
    J'ai la puissance ;
    Et ma vengeance
Allumerait un enfer en tous lieux.

(criez) *Faut-y d'z'aleumettes ?..*

---

(1) L'manière qu' criot monsieu *Lagazette*, un n'pouvot point n'in cominprinde un mot; il annonçot comme cha qu'y raccommodot de l' faïence cassée.

Monsieu *Lagazette*, chétot un bon viu homme qui restot din l'temps à l'ruelie des Mordreux, dins eune tiote mazon qu'alle est aujourd'hui rimplachée par eune pu grande, près de ch' pont in v'nant de l'rue d'Arras.

Air : *du Chien Fidéle.*

Ou : *T'en souviens-tu disait un capitaine.*

Par un beau jour, sur une poissonnière,
En furieux courait un paysan ;
Car celle-ci, qui s' trouvait par derrière,
S'lon son état, criait à tout venant ;
Il lui porta là vers les deux épaules
Un coup d'bâton comme personne n'en voudrait,
Disant : Coquinn', tiens, v'là pour tes paroles,
R' qu'minche incor !.. Et v'là c' qu'elle criait :

(criez) *Maquériaux, maquériaux, au resse !*

Air : *La Faridondaine.*

Jeunes enfants, amusons-nous
Auprès de notre mère ;
Au loto gagnons bien des sous
Quine !.. payez l'affaire.
Ah ! comm' nous nous réjouirons,
Nous aurons des gauffres, des macarons :
Maman, voilà l'marchand d'oublis
    Qui nous crie :
Oh ! là, venez, entrez ici,
    Mon ami.

(criez) : *La joie ! la joie ! v'là l'oubli !*

Air : *Grenadier, que tu m'affliges.*
Ou : *Qu'est-ce qui passe sur les clacards, romarin
de la margereine.*

Vous qui courez tous les spectacles,
Ambigu, drame, bouffe, opéra,
Pour applaudir comme des miracles
Robert-Macaire, Dupré, Garcia,
Dites-moi, dans quel théâtre
Vous entendrez une voix qui réunit
Le doux, le tendre, l'aimable,
Comme celle que voici :

(criez) *Faut-y des carottes, des choux,
des tiots bouquets, des pommes dé terre ?*

Air : *C'est l'amour.*

Drelin, drelin, drelin,
din din
Accourez, cuisinières;
Drelin, drelin, drelin,
din din,
Ecoutez ce refrain
Aujourd'hui l'on fait maigre chère
Il est Carême et vendredi ;
Rappelez-vous le bien, ma chère,
Trêve au gigot, trêve au rôti.

13.

Mais on dit dans la rue
Qu'il y a pour dîner
Mieux que de la morue
Ou qu' du hareng salé.
   Drelin, drelin, drelin,
      din, din,
  Accourez, cuisinières;
   Drelin, drelin, drelin,
      din, din,
  Ecoutez ce refrain.

(criez) *Y a d'la marée frrrrr... aîche, à bon marché!!!.. — Mourmoulettes, mourrrr.... moulettes!.. Les v'là chés bellés moules de Gand, les v'là, les v'là!..*

      Air: *De la Parisienne.*

Accourez femmes de ménage,
La propreté vous le dit tout bas:
Elle est à la ville, au village,
Dans tous les rangs, dans tous les états.
Le samedi, pour être heureux sur terre,
De son logis l'on fait une rivière.
   Lavez vos maisons,
   Trempez vos jupons;
   En avant, ramons,
   Lavettes et torchons:

(criez) *Faut-y des balais, madame?.. v'là l'marchand d'balais!...*

LXI.

No biau cloquet d'Donaï tout fini. — Chés cloques, ch' carïon. — Chelle belle Commune.

Allons, ch' co ichi j'sus fin cotint : v'là qu'nos avons un cloquet tout ch' qu'y n'y a d'biau, tout neu arringé in d'dins et in déhors : Tous chés girouettes et pis eune masse d'ornemints dorés ; qu'cha éblouit au solei. Après cha y n'y a eune belle horloge et pis ch'carïon bin arringé qui sonne tout seu à ch'z'heures, et pis incor à chés d'mi-heures, et même que ch'tambour qu'il est arringé d'manière qu'y n'y ara qu'à quand qu'un vodra pousser un tiot quette cosse pou canger d'air. — Mais pou ch' momint ichi, à ch'z'heures y fait l'air d'chés *Puritains*, et à chés d'mi-heures y cante *Batelier dit Lisette*, et tout cha aveuc chés grossés basses, d'manière qu'cha fait un crâne carïonnage.

Pisque cha va si bin, y no faut dire quoi qu'nos avons d'biau din ch'cloquet que l'v'là si bin restauré qu'un jur'rot qu'y vient d'ète fini tout neu.

Après qu'nos avons dit quette cosse d'sus no cloquet d'Douai et pis l'pose de ch' lion, dijons à ch' t'heure deux tros mots d'sus ch' carïon et chés cloques.

Premier, d'visons de l'cloque d'Gayant : chet l'pu grosse. Vous savez bin comme mi qu'un ll'a fait in 1471, ainsi qu'chés tros autes cloques qu'nos allons dire après. — Si bin que l' cloque d'Gayant alle a deux mètes d' diamète et alle vaut vingt-chinq mille francs ; un lit cha ichi d'sus :

> *Je suys le bancloque, à l'effroy*
> *Servant et au plaisir de loy ;*
> *Willem, Hoerken, Gobelin*
> *Moer, en décembre, par leur engin*
> *Me firent. L'an mille quatre cens*
> *Soixante-onze on me mist chéens.*

L' deuxième cloque, chet chelle qu'alle sonne l'heure ; alle a un mète soixante-dix d' diamète, et alle vaut dij-huit mille francs. V'là ch'qu'un lit à l'intour :

> *Feu de meschief, au mois d'apvril,*
> *L'an de grace mille quatre cens*
> *Soixante-onze, mist à exil*
> *Clocques, timbres et tout chy dedens,*
> *Avoecq le halle sur deux sens.*
> *Decembre après, on fist fin de moy restorer*
> *Par les frères Willem, Hoerken, Gobelin*
> *Moer.*

L' trosième cloque, qu'alle sonne à dij heures au soir pou l'ertraite d'chés gins d'Douai, alle a un mète chinquante-chinq d' diamète, et alle vaut seize mille francs. Un lit comme cha d'sus :

> *Je suy le cloque des ouvriers,*
> *Six fois le jour sonne ; et premiers*
> *Au point du jour, matin disner*
> *Resson, vespres et la darraine*
> *Faicte avoecq aultres par la painne*
> *Willem, Hoerken, Gobelin Moer.*

L' quatrième cloque, qu'alle sonne l' demie, alle a quater-vingt-quinze d' diamète, et alle vaut neuf mille francs. On vot écrit comme cha d'sus :

Le cloque deschevins ay nom
Pour tant qua leu gré suy sonnée ;
Pour premières et wigneron
Fu lan de ches aultres fondée.

L' chinquième cloque alle a été fondue in 1658 et alle a quater-vingt-huit centimètes d'diamète. Un lit d'sus chelle cloque-là :

Je suis nommée le vigneron,
Faite avec cinq du carillon.
Blanpain fondoit cestuy
En juin seize cent cinquante-huit.

Tant qu'à chés cloques de ch' carion, qu'y n'y in a trinte-huit, alles valent insonne quette cosse comme quarante-chinq mille francs.

D'sus chés trinte-huit cloques de ch' carion, y n'y in a eune qu'un a fait in 1471, eune in 1539, eune in 1576, deux in 1659, treize en 1697, eune in

1713, deux in 1724, eune in 1727, eune in 1767, eune in 1775, eune in 1824, et quatorze qu'y n'y ara rien d' marqué d'sus.

Mais y faut vire tout cha tout près qu' chet bin arringé tout in rond d'sus des gros morciaux d'fier, qu'un vot cha in bas de ch'cloquet, din l'cour de l'commune qu'alle est aussi finie et fin bin arringée aveuc un biau grïage din les Halles, et qu'un a démoli tous chés viux batimints conte chés murs, qu' chétot fin vilain, et pis qu'un a fait des bellés salles aveuc des peintures dù ch' qu'un vot tout plein d'cosses qui rappellent Douai d'vant et pis incor à ch' t'heure. In r'wettiant l'commune in v'nant de l'rue du Mont-de-Piété (à ch' t'heure qu'alle s'appelle d'l'Université d'pis qu'chés Facultés d'Lettes et pis incor d'Droit qu'alles sont mis là), un vot tros bâtimints tout ch'qu'y n'y a d' biau, tout au mitant ch'cloquet de l' ville, et au deux d'bout dù qu'cha fait l'fer à qu'va, deux bellés tourelles aveuc des tiots tots comme à ch'cloquet de l' ville et des bellés girouettes tout in or. Chet par in haut d'eune d'chés tourelles, qu'un inte dins chés archives d'Douai, qu'y n'y a point d'cha nulle part pou ch' l'établissemint-là ; aussi un acqueurt d' tout partout pou prinde modèle d'sus nous autes pou ch' l'affaire-là.

Par ainsi j'vo salue.

Septembre 1869.

LXII.

L'Fiête des Wios-Saint-Albin in 1869.

Din l'fin du mos d'juïet, chelle Commission de l'fiête des Wios-Saint-Albin alle avot fait mette d'sus chés murs d'Douai eune grande affiche dù ch'qu'un lijot comme cha :

Aveuc l' permission d' Monsieu l' Maire. — Grande Fiête des Wios-Saint-Albin, (2ᵉ erbond d'Gayant), Diminche 1ᵉʳ d'Août 1869, d'sus les deux heures.

Chelle commission de l'fiête des Wios-Sᵗ-Albin, qu'chet ch'maîte Ratte, ch' maîte Poulain et pis incor ch' maîte Mouquet, alle fait savoir à tout l'monne de l'ville et pis d' chés villages qu'diminche qui vient y n'y ara gramain d'jus, aveuc des prix tout in argint, din ch' quartier des Wios-Sᵗ-Albin, comme qu'un va vire ichi d'sus : — Ju d'Ogeon, din l'rue St-Albin, quéque part in face de l'Plarie, — Ju d'tiots Pains, in plein mitant de l'rue St-Albin. — Ju d'Païelle, qu'chet un ju qu'au mitant d'eune corde qu'un pind eune païelle qu'sin cu qu'il est noirchi comme y faut, si bin qu'pindant qu'chelle corde qu'alle balanche, y faut aveuc s'bouque cacher à attraper eune pièche chinq francs qu'alle est là collée au cu d'chelle païelle. Ch' ju-là y s' f'ra din l' rue d'Ocre. — Ju d' Bague à Pied, à ch' camp Fleury. — Ju d'Cisiaux, din l' rue Saint-Albin, tout vis-à-vis de l'Brique. A ch'ju-là, qu'cha s'ra seul'mint pour chés garchons, y n'y ara quéques fichelles dù ch' qu'y pindront des tiotes cuvelles aveuc d'l'iau. Si bin que ch'ti qu'il arriv'ra là ses yux serrés et qu'y copera eune d'chés fichelles-là putôt que l'z'autes du ch'qu'y pindront des prix, y r'chevra un bon rafraîchiss'-mint d'sus stièle. — Ju d' Ménette, à ch'Camp-Fleury. — Bal champette sans païer, qu'cha s'ra à huit heures et d'mie au soir, tout au d'bout de l'rue

Saint-Albin, tout près de l'rue d'Ocre.

Ch'z'amateurs d'chés jus y peuvent s' faire mette in écrit, tout s'qu'à diminche à midi, chez chés gins d'chelle Commission. — Un fait savoir à tertin-tertous que ch'ti qu'il arriv'rot diminche pour juer n'importe à queu ju et pis qu'y s'rot plein comme un boudin, qu'un l'mettrot tout d'suite à l'porte de ch'ju. — Comme aussi ch'ti qu'y s'permettrot à ch'bal d' faire des gesses qu'cha n'convient point, ou bin d'inl'ver in l'air chés filles comme din l'temps chés Sabines, y peut compter qui s'ra tout d'suite rinvoïé aveuc ch'qu'il ara d'pronnes d'cucuïées. — Par ainsi, à diminche à deux heures. — S'y quet de l'pleuve, chelle Fiête alle s'ra r'mis pou ch'diminche d'après.

Mais comme de fut fait, y n' a point été possibe d'faire cha ch'jour-là ; aussi v'là quéques jours après qu'un annonce chelle fiête pou l'diminche d'après. Un dijot comme cha :

Programme de l'grande fiête des Wios-Saint-Albin, trosième erbond d'Gayant, diminche 8 d'août 1869, à quatre heures jusse.

Attindu qu'diminche passé il a quëu de l'pleuve, et qu'un a seul'mint pouvu faire ch'ju d'ogeon, ch'ju d'cisiaux, ch' ju d'ménette el ch'ju d'bague à pied, même qu'Lafleur, Facon, Lamour, Caby, Maljean, Gros-Louis, et pis incor d'z'autes qu'y z'ont eu chés prix;

Attindu, comme de jusse, qu'alors qu'y resse des jus à faire, et même qu'un in f'ra incor d'z'autes, piche qu'y n'y a des gins qui z'ont r'mis des doubes :

Chés commissaires de l'grande Fiète des Wios-Saint-Albin, qu'chet ch'maîte Ratte, ch'maîte Poulain et ch'maîte Mouquet, y z'ont arrêté et y z'arrêtent tertous insonne ch'qu'un va vo dire :

Diminche qui vient, 8 d'Août, à quatre heures jusse après-midi, y n'y ara tous chés jus ichi din chés rues de l'paroisse des Wios-Saint-Albin, aveuc d'z'imbelliss'mints et tout plein d'cosses qu'cha s'rot trop long d'tout vo z'espliquer ichi d'sus :

Premier. — Course à pied in déguisé,

dù qu'dins chés jueux qui queurent, ch'ti qui s'ra l'pu cocasse il ara un prix pour li tout seu, sans compter l'z'autes prix pour chés pu subtils. — *Ch'ju-là y s'f'ra tout du au long de l'rue Saint-Albin.*

Deuxième. — Ju d'païelle. *Troisième.* — Ju d'tiots pains. *Quatrième.* — Ju d' surprise din eune cruche. — *Comme chet eune surprise, cha s'ra comme din ch'ju d'*Caristi-Caristal, *vo l'sarez quand qu'y s'ra fait.* Chinquième. — *Infin, à huit heures et d'mie au soir*, Bal champette sans païer.

Cha n'a point manqué, et tous gins y z'ont rintré tertous cotints din leus mazons d'avoir vu chelle belle fiète.

Piche qu'y sont si cotints qu'cha, y n'faut point ête pu difficiles qu'eusses.

Par ainsi, j'vo salue.

9 août 1869.

14.

LXIII.

Ch' l'ingélé de l'rue Jean-de-Bologne.

Y n'y a din no quartier un bon viu homme et eune bonne vielle femme qui vittent là tranquilles comme Batiche : ch' l'homme y fait s'n état, chelle femme alle fait sin ménage, si bin qu' tout va fin bin. Chelle femme alle s'in va tous les jours (sans r'proche) à l'première messe, hiver comme été, et vo sintez bin qu' din ch' mos ichi qu'y n' fait point gramain clair à chinq heures et d'mie au matin, qu'chelle messe qu'alle cominche toudis à Saint-Jacques.

Chet bon. V'là donc chelle brave femme qu'alle sorte de s'mazon un jour d' chelle semaine ichi qu'y faijot un vint à tout faire quéïr, et un fro d' thien. V'là qu'alle a fait deux pas dins chés rues, et alle racqueurt au pu vite.

— Queu malheur ! qu'alle dit à s'n homme, te n'sais point, y n'y a bin quéqu'un réteindu mort d'fro din ch' rïot.

— Bah ! uï, qu'y li répond ch' l'homme, t'as eu l' bleuse vue, j' sus bin sûr qu'y n'y a rien du tout.

— Si fait, cha, min fiu ; j'te promets qu' chet comme j'te l'dis...

Infin, v'là ch'l'homme qui s'éliève, y passe s'culotte, y met ses chavattes, et l' v'là arrivé din chés rues :

— Mâtin ! qu'y fait fro, un est copé in deux !..

In dijant cha, y s'approche tout douch'mint ety touche ch' l'homme aveuc l' bout d'sin pied ; y dit alors à s' femme :

— Chet vrai tout d'même, chet un homme qu'il a été pris du fro et qu'il est là mort : infin, no voirons cha au tiot jour.

Et l'v'là qui rinte din s'mazon, aveuc s'femme qu'alle n'arot point osu pour ses deux yux faire un pas pu long din chés rues.

Y n'y avot din chelle mazon eune

tiote fille qu'alle étot couquée, et in intindant ch'l'ermue-ménage à s'met à crier en dijant :

— Queu malheur ! y n'y a ichi tout près un homme qu'il est mort ingélé... J'ai peur !.. Et à s'met à braire ses yux déhors.

Pourtant chelle femme alle n'étot point tranquille :

— Pou l'amour de Dhiu, qu'alle dit à s'n homme, y faut absolumint prinde no courage à deux mains et tâcher de v'nir au s'cours de ch'pauve malheureux ingélé !

Mais s'n homme y li répondot toudis:

— Quoche no z'y f'rons ? à ch'tiot jour no voirons quoi et qu'mint. Te sais bin qu'y n'y a point d'avanche ; par un temps parel à la minute un est cuit, ainsi chet inutile.

— T'as biau dire, qu'alle répliquot chelle femme, un n' peut point savoir ; quéque fo que ch'l'homme qu'y vivrot incor, viens-y toudis.

Infin v'là s'n homme qui s'décide à

aller vire ; y sorte aveuc s'femme ; y fait incor aller sin pied, cha r'mue ; y tasse aveuc s'main, et y sint que ch' pauve ingélé chétot... un viu païasson que l'vint qu'il avot tout roulé et qui s'étot accroché din ch' rïot !..

Décembre 1869.

LXIV.

L' Marche de l' demi-Carême, à Sin.

Eh bin ! copère, quoche vo z'in dites ? v'là bin d'z'autes jus qu'à m'ner d'z'ours! Acoutez bin chelle-là : Et sans compter qu'chés jeunes gins d'Sin qu'y z'ont arringé tout cha fin bin, tout comme j'va vo dire :

Premier, un véïot Abd-el-Kader à qu'va et pis tous z'Arabes aussi, et d'vant eusses des trompettes qu'y z'allottent aussi à qu'va.

Après cha y n'y avot ch'char qu'y r'présintot l'manière d'ertirer du carbon d'chés fosses, et pis d' z'autes qui buquottent d'sus cune enclume et pis qui soufflottent ch'fu qu'un arot juré qui z'étottent à leus pièches.

Après v'nottent des mousquetaires d' Louis XIV à qu'va, et sans compter qu'y z'étottent tous fraîches et bin arringés.

Pu long, chétot ch'char dû ch'qu'un rouichot ch'lin, même qu'chet un commerce qu'un fait gramain à D'chy tout comme à Sin.

Après cha chétot ch'char dû ch'qu'un faijot des crêpes et pis dû ch'qu'y n'y avot quette cosse d'sus que j'vo dirai d'-t'-à-l'heure pou ch'bouquet.

Ch'char d'après, chétot dû ch' qu'y z'étottent chés musiciens, tertous bin habiés, ch'ti-chi in sorcier, ch'ti-là in soudar, un aute in pierrot, pu long in pinperlot, et tertous arringés comme y faut. Y n'y avot là ch'chef d'orquesse qu'y buquot l'mesure qu'un arot juré no brave père Lefranc, et y juottent tertous d'z'airs fin bin assis tout autour de ch'char, et san compter qu'y n'y avot là un biau gros père qui juot de l'grosse caisse aveuc un costume qui li allot aux oiseaux, et eune panche aveuc eune figure qu'alle rapportot bonne nouvelle.

Chet bon ; à ch'-t'-heure v'là ch'char de l'noce du village, dù ch'qu'un véïot ch' ménestrier qu'un arot juré din l' temps *Foi-d'Homme*, et qui faijot sauter qu'y fallot vire tous chés gins d'la noce ; et sans compter qu'chelle jeune mariée qu'alle s'in donnot in veux-tu in v'là et pis s'n homme aussi, et y z'avottent bin raison, pache sans cha y z'arrottent pu attraper un fameux catarrhe par un fro d'thien comme y faijot, et chelle pauve fillette tout in blanc, chétot pour in tronner les fieffes... Mais tout s'a bin passé grâce à quéques bavaroises qu'un buvot in route .. Mais j'avos un fameux plaisi à vire tous chés biaux cols d'que-miches qui guïotinottent chés orelles, et chés biaux pet-in-l'air et chés capiaux comme din l'temps memz'elle Pinchard.

A ch't'heure no v'là à ch'pu biau : un véïot d'sus un cafanon qu'un ch'vaïer à que'va qu'y portot, chés armes d'Sin (à ch'qu'y dijot ch'programme) : cha r'présinte d'sus ch' l'écu un pot d'chambre dù ch' qu'un véïot écrit tout à l'intour *Sentiam*, et au d'sus qu'un véïot ch' qu' ichi à l' foire d'Douai à chés marchands d' pain n'épice un appelle un étron d' suisse ; mais ichi chet que ch'n'est point du tout d'un suisse, mais bin d'un roi, et du pu grand roi qu'un nn'a point vu un parel d'pis qu'y n'y est pu, piche chet Louis XIV, et un prétind qu' chet un *souv'nir* qu'il a laiché à Sin pindant qu'y faijot l'siége d'Douai in 1667, si bin qu'un conserve cha din ch' village comme y faut d'pis ch' temps-là (à ch' qu'y dijot ch' programme).

Si bin qu'din ch'char à crêpes, un véïot d'sus l'devant *pour bon* ch'l'affaire qu'alle étot in peinture d'sus ch'cafanon, et sans compter qu'chétot d'eune telle diminsion qu'y n'fallot point d'leunettes pou l'vire qu'chétot là qu'cha dépassot tout in hauteur d'eune chaise percée dù qu'chés armes de t'à l'heure qu'alles étottent incor eune fo répétées d'sus l' devant : aussi j'n'ai point été surpris, attindu qu'Louis XIV qu'y faitot toudis tout in grand, qu'après chelle cavalcade (comme qu'y dijot toudis ch' programme), ch'*souv'nir* de ch' grand Roi qu'il arot été distribué à tous chés gins qui z'avottent pris part à chelle marche : et j'sus bin sûr qu'y nn'aront incor eu chacun bon morciau, malgré qu'y z'étottent gramain d'gins.

Infin, un a bel à dire, mais chés gins d'Sin y s' sont bin moutrés tout d'mème ; y z'ont eu du plaisi, y nn'ont fait avoir à l'z'autes, et, miu qu'tout cha, y z'ont fait eune bonne action, pisque tout cha chétot pou chés pauves.

Mi j' dis qu'y n'y a point gramain d' communes qui réussirottent si bin, et sans compter qu'tout étot bin frais, bin arringé, et qu'chés commissaires qu'y z'ont fait tout marcher aveuc un orde qu'cha faijot plaisi à vire.

Par ainsi, à vo r'voir.

Douai, 28 mars 1870.

LXV.

CHÉS TRIOMPHES

DE L' MUSIQUE MUNICIPALE D' DOUAI.

Un n' peut point faire autermint, quand qu'un est bon Douaisien, d'avoir gramain d'plaisi à vire combin no musique, qu'chet eune des pu crânes d' tout no païs, qu'alle a rimporté des prix din tous chés concours dù ch' qu'alle a été, d'pis l' temps que ch' maîte Pierre Lecomte qu'il a qu'minché à arringer chelle Société-là, même qu'chet li aussi qu'il a fondé no Académie d' musique d'Douai, duche d'pis ch'temps-là tant d' fameux musiciens qui z'ont sorti d'ichi pou s'in aller à Paris et tout partout, même qu' Douai qu'il a à ch' t' heure eune ernommée qu' chés autes musiques qu'y tronnent din leus culottes quand qu'y drottent aller au Concours aveuc.

Avant d' ramintuvoir chés prix d' no musique, dijons in premier qui qu' chétot chés musiciens qui z'étottent là aveuc ch'maîte Pierre Lecomte, in 1806 :

Lecomte (Pierre), chef ; — *clarinettes* : Lecomte ch' fiu, Leflon, Blanchard, Brachelet, Dupire, Tarlier, Deldeuille, Lefrère, Bertrand, Demory, Henri, Heisser ch' pu jeune ; — *Flûtes* : Poulain, Broux-Plumcocq ; — *Bassons* : Dargirolle, Dutilleul, Pecqueur, Heisser ch' pu viu ; — *Cors :* Boulet, Colin, Noury ch' père ; — *Serpints* : Harleaux, Trouville, Marchand ; — *Trompettes :* Duterque, Maisonneuve ; — *Grosse caisse :* Boulet, (même qu' chétot l' neveu d' ma tante Cahier, qu'alle l'ap-p'lot toudis sin *Gros-Lausse*). — *Caisse claire :* Dujardin ; — *Cymbaliers* : Lemaire, Decaudin.

In 1810, chés gins ichi y z'introttent din l' musique d' Douai ; — *Clarinette :* Bois ; *Basson :* Delambre ; — *Cor :* Vannedeghem ; — *Serpint :* Lavoix ; — *Grosse caisse* : Orville ch' père ; — *Clarinette :* Guerdin ; — *Trompette :* Delval ; — *Trombonne* : Hornez.

V'là in 1811, un concours qu'il a lieu à Béthune, l'onze du mos d' juin : L' musique d' Douai alle r'vient aveuc ch' premier prix.

L' dij-neuf d'août 1811, y n'y a un concours à Cambrai ; chet l'musique d' Douai qu'alle a ch' premier prix.

L' vingt-chinq d'août 1812, l' musique d' Douai alle s'in va à ch' concours d'Arras : alle gagne ch' premier prix.

L' quatorze d' septembe 1812, chet l' concours d' Tournai; premier prix, chelle musique d' Douai.

L' dij-sept d'août 1813, concours à Cambrai; premier prix, incor l' musique d'Douai!

L' vingt-quate d'août 1813, v'là ch' concours d' musique à Arras : qui qu' chet qu'il a ch' premier prix ? Incor, toudis l' musique d' Douai ! ! !..

Eh bin, mes gins, quoche vos in dites? che nn'est-y, cha, à vo mode ? Pourtant ch'n'est point incor tout.

Ichi, pourquoi ? j'n'in sais rien, mais v'là tout d'un co pindant eune quinzaine d'ans que l'musique d'Douai qu'alle a l'air d'faire un somme ; chet à coire qu'alle est morte pour toudis ; cha traine comme cha tout s'qu'à dij-huit chint vingt-sept, à ch' passage d' Charles X din Douai. Alors l'musique alle s'ermet à plache, et v'là, din ch'momint-là, qu' mint qu'alle étot composée :

Lecomte ch' père, chef; Bauduin, *tiote Clarinette*. — Guerdin ch' fiu, Démory, Wallet, Foucart, Dupire, Potier, Moronval, Boquet, Guerdin ch'père, Boulcourt, Mailliez ch'pu viu, Mailliez ch'pu jeune, Bertrand ch'fiu, Asou, Helbecque ch'pu jeune, Desailly, *grandes Clarinettes.* — Dislère, Druelle, *Hautbois.* — Helbecque ch'pu viu, *tiote Flûte.* — Nourry, de Lacaze ch' pu viu, Martinache, Gibson, *Cors.* — Lefranc, *Trompette à clef.* — Colin, Tarlier, *Trompettes.* — de Lacaze ch'pu jeune, *Buccin.* — Bertrand ch' père, *Trombonne ténor.* — Sy, Dancoisne, *Trombonnes altos.* — Orville ch'fiu, *Trombonne basse.* — Lépollart, Debarge, *Ophycleïdes.* — Biencourt, Dernoncourt, Marchand, *Serpints.* — Demoulier, Leroy, Brassart, *Bassons.* — Orville ch'père, *grosse Caisse.* — Lemaire, Bertoud, *Timballiers.* — Lesurque, André, *bonnets Chinois.* — Lallemant, *Caisse roulante.*

V'là donc l'musique d'Douai bin remis à plache, et din chés festivals par chi par là à s'distingue eune masse d'fos, comme alle l'avot déjà fait d'vant ; mais ch'n'est point d'cha que j'veux parler : j'veux seul'mint mintionner chés triomphes de l'musique d'Douai, ainsi y n' peut point ête question sinon bin d'Concours, ainsi no z'y v'là.

L'six du mos d'juin 1830, concours à Saint-Amand. Musique d'Douai, premier prix.

L'treize d'septembe 1831, chet un grand concours à Valenciennes. Premier prix, l'musique d'Douai !

Nous v'là à ch't'heure à ch' fameux concours d'Lille du chinq du mos d'juin 1837. Chétot Pierre Lefranc qui dirijot no musique; chétot pou l'première fos qu'y l'conduijot din un concours. Chés tros morciaux jués là-bas par nos musiciens y z'avottent été faits : deux par Pierre Lefranc, qu'chétot un air varié pou ch' prix d'solo, et, pou ch' prix d'exécution ch' l'ouverture d'*Sémiramis* arringée in harmonie; l'trosième, qu' chétot eune fantaisie qu'un appelle l' *Lind'main d'un Bal*, chétot Monsieu

Charles Choulet qu'y ll'avot fait, qu' chétot pou l'prix d'composition, et sans compter, inter nous soit dit, qu'che nn'est un crâne qu'il est diabelmint capabe pour tout cha, même qu'tout ch' qu'y fait comme cha in musique qu'un claque des mains à mort quand qu'un ll'intind.

R'venons à no musique d'Douai. V'là donc nos musiciens partis à Lille, et les v'là ichi tertous :

Lefranc, chef d'orquesse ; Noury ch' pu viu, chef d'musique. — Devred-Legentil, *tiote Clarinette* (solo). — Guerdin ch'fiu , *Clarinette (*solo). — Courmont; François *dit* Monplaisir; Asou; Bodelet; Helbecque ch'pu jeune; Lefebvre ; Deshayes ch'pu jeune; Blanck ; Basuyau ; Boulcourt ch'père; Mailliez ch'pu viu ; Mailliez ch'pu jeune ; Delhemme ; Rolez ; Bertrand ch' fiu ; Coisne; Foucart; Guerdin ch'père, *Clarinettes*. — Dislère ; Druelle, *Hautbois* (solos). — Helbecque ch'pu viu , *tiote Flûte* (solo). — Noury ch'pu jeune , *Cor* (solo). — Noury ch'pu viu ; Martinache ; de Lacaze ch'pu viu , Vincent Lebled ; Milliot; Deshayes ch'pu viu ; Bérode (Constant); Colin , *Cors*. — Frémy, Boulcourt ch'pu jeune ; Dorchies , *Trompettes*. — de Lacaze ch'pu jeune ; Maisonneuve ; Petit ; Duvivier ; Gralle , *Ophycléïdes*.— Biencourt , *Serpint-basson*. — Leroy ; Lepollart , *Bassons*. — Heisser ch'père ; Mongrenier ; Bertrand ch'père; Tarlier; Orville , *Trombonnes*. — Roulet , *grosse Caisse*. — Lemaire , Triou , *Cymbaliers*. — Dagommet, *Caisse claire*. — Delacroix ; Boulcourt ch'pu viu.

L'lind'main, y reviennent din Douai, pindant qu'tout l'ville étot d'sus pied, qu'tous chés gins qu'y criottent vive Gayant et que l'grosse cloque et ch' carïon qu'y z'allottent à mort.

Et v'là qu'y rapportottent d'Lille :

Ch' premier prix pou ch' l'exécution ;

Ch' premier prix pou ch' solo ;

Ch' premier prix pou chelle composition !!!...

Après cha v'là incor eune ribambelle d' festivals qui défillent ; chet conv'nu, no n'in parlons point, sinon bin un mot de ch'ti d'Dunkerque in 1848, même qu'Gayant qu'il y étot, dù qu'no fameux Alfred Noury, dit Galey, premier cor d'France, qu'y s'a si fort distingué din ch'l'*Ouverture d' Guillaume Tell*, et qu' l'Musique d'Douai qu'alle a si bin jué qu'y n'y avot quasimaint point d'fleurs assez à ch'Rosendael pour tous ces bouquets qu'un apportot à nos musiciens.

No v'là à ch't'heure arrivé d' plein pied in 1855, que l' dij-huit juin y d'vot avoir un grand concours à Lille.

Mais d'vant ch' momint-là ch' brave Monsieu Léon Nutly, vice-président d' chelle musique et l' méïeu infant d' Gayant qu'y n'y a din Douai, il avot fait un biau discours à nos musiciens pou qu'y suchent toudis comme d'vant, chés invincibes :

« M' z'amis, qu'y leu dijot comme cha, vos avez fin quer' Douai tout comme mi. Qu'mint qu'nous devons nous présinter din Lille pou ch'grand concours ?

» In busiant toudis que l'musique d' Douai, sus vingt-six ans, alle a assisté à cobin d'concours ?—Diche.

» D'sus chés dix concours, cobin ch' qu'alle a eu l'desus d'fos ?—Diche !

» Et des premières médalles?—Diche !

» A ch' dernier concours d' Lille, in 1837, l' musique alle rintrot aveuc chés tros premiers prix.

» Au nom d' no bonne ville d' Douai, de s'n honneur, de s' réputation,

» J' vo d'mande, m' z'amis, d'mette un fleuron d' pu d'su no couronne ;

» Ch' l'affaire-là alle dépind d'vous ! »

Et cha n'a point manqué, no musique alle a incor triomphé chelle fo-là à Lille, comme toudis, et no fameux chef d'orquesse Pierre Lefranc, qu'il avot arringé in harmonie militaire l' *Symphonie héroïque d' Beethoven*, un vrai tour d' force (comme qu'y dijot ch' célèbe musicien qui présidot ch'jury à Lille), il a été imbrassé comme du pain par Adôphe Adam in plein mitant de ch'l'estrade dù ch' qu'un faijot ch' concours.

Quand qu'on a su à Douai l'heure d' l'arrivée d'no musiciens, v'là tous ch' z'autorités, escortées par no bataïon d' pompiers, et tous nos bonnes gins d'

Douai qui s'in vont bin vite à ch'débarcadère et qu'y r'conduisent no musique tout s'qu'à l'Commune, aveuc des bravos, des bouquets, in l'vant in l'air tous chés bras et tous chés mouchoirs; et l'cloque d'Gayant alle battot l'mesure d'tout cha aveuc accompagn'mint de ch'carïon. Infin, chétot din Douai eune fiête qu'y n'y avot pas d'cha.

J'sus bin sûr d'eune cosse, mes gins : chet que si n'y a point incor, d'pis ch'temps-là, eune dijaine d'triomphes d'no belle musique à mette ichi d'sus, chet pache qu'à ch't'heure chet presque toudis des festivals et pu d'concours, sinon bin à Vincennes in 1864, dù ch'qu'alle a incor eu l'premier prix et pis ch'prix d'l'emp'reur, malgré qu'eune flûte qu'alle s'étot révéïée trop tard pou arriver à temps à ch'concours.

Dijons in finichant qu'mint qu'à s'compose à ch't'heure no Musique municipale d'Douai :

Béharelle, président ; Léon Nutly, vice-président; Pierre Lefranc, capitaine, chef ; Decarpentry, lieutenant, sous-chef ; Boulé (Louis), trésorier, sergent-major ; Bilbaut (Alexandre), fourrier, archivisse ; Legros (Hinri), secrétaire, sergent ; Boulcourt (Louis), commissaire ; Lesurque (Désiré), id. ; Hochet (Jules), id. ; Facq, id. ; Desmarest-Heisser, id. — *Membes honoraires*, De Maingoval (Prosper) ; De Lacaze (Adôphe) ; Foucart ; Choulet (Charles) ; Noury (Charles) ; Petitbois (Edmond) ; Bilbaut (Théophile). — *Garçon de musique*, Teste.

Cors, Lesurque (Désiré), solo ; Foucart-Dumarqué ; Devred (Charles) ; Massier ; Bilbaut (Alexonne) ; Ducrocq.

Pistons, Boulcourt (Louis - Alfred), solo ; Culnaere ch'pu jeune ; Delahaye (Louis) ; Moronval ; Piérache ; Debay ; Devred ch'père.

Bugles, Merle ; Boulcourt (Aimé) ; Détrain (Antoine).

Trombonnes, Mongrenier, solo ; Bruneau (Elie), id. ; Robert (Ernesse) ; Bruneau (Hinri) ; Hochet (Jules) ; Cochet (Edmond) ; Sion ch'pu viu.

Ophycléïdes, Courmont ; Hinri (Edmond) ; Delahaye ch'père ; Jouvenet (Jules) ; Jouvenet (Adôphe) ; Legros (Hinri) ; Carbonel ch'fiu ; Galois (Pierre) ; Doucy ; Duquesnoy ; Boulé (Louis).

Conter'basse en mi b., Listzenburger.

Conter'basses à cordes, Orville (François) ; Aniart ; Bodelet (François).

Saxophones, Galois ch'pu jeune ; Dhérin ; Culnaere, ch'pu viu, solo ; Devred ch'fiu.

Bassons, Drapier, solo ; Decottignies ch'fiu ; Dubus (Alfred).

Hautbois, Dubus (Hippolyte) ; Bigotte.

Flûtes, Helbecque-Desart ; Helbecque (Paul) ; Lemaire.

Tiote clarinette, Ogrez.

Grandes clarinettes, Decarpentry (Constant) ; Bernard ; Lecas ; Asou ; Facq ; Delcourt ; Dernoncourt ; Helbecque (Jules) ; Sion (Henri) ; Bodelet ch'pu jeune ; Ducrocq ; Dutoit ; Diévart ; Goulois ; Logeais ; Lesurque (Antoine) ; Rogghé ; Rochet.

Altos, Honoré (Edouard) ; Coyaux.

Grosse-caisse, Gabriel.

Cimballiers, Leborgne (François); Legrand (Désiré).

Timballier, Delahaye (Hector).

Tambour, Bodclet (Florimond).

Allons, mes gins, y faut bin incourager no belle Musique et surtout n'point liarder, quand qu' l'occasion qu'à s' présint'ra de ll'ermette à moute aveuc d' z'autes musiques pou un concours. — Chet un honneur pou no bonne ville d' Douai, et comme des braves infants d' Gayant y faut faire tout sin possibe pou que l' réputation d' chelle ville qu' nos avons si quer' qu'à s' soutienne tout partout, in musique comme in aute cosse.

Par ainsi, j' vo salue.

30 juin 1870.

LXVI.

Ercette invintée par un brave homme d'Douai, pou savoir à queu prix qu'un peut acater du bien à fonds perdu.

Un pale toudis d'gins qui z'obtiennent des brévets d'invintion : ch' ti-chi pour arracher des dints sin faire d'ma, ch' ti-là pour eune séringue qu'alle gliche tout seu sans faire avoir des coliques ; un aute pou cuire d' z'haricots qu'y n'ont point d'inconvénients... Tout cha chet bel et bon ; mais in v'là un qu'chet un aute ju : acoutez cha bin comme y faut, mes gins, et dites aveuc mi qu'y n'y a rien 'd' pu vrai que ch' qu'un dit toudis : qu' *Viu et lourd un apprind tous les jours.*

Aüi, mes braves gins d'Douai, criez, n' criez point, vo n'arotes jamais busié à eune cosse parelle : y s'agit d'eune ercette pou savoir à queu prix qu'un peut prinde du bien à fonds perdu ?..

Quand que j' me rapinse in mi-même cobin d'gins qu'y z'ont été attrapés in pernant des thierres ou bin des mazons à diche et quinze pour chint tous l'z'ans quand ch' n'étot point vingt, pache qu'y croïottent qu' chés viux gins qui proposottent ch' l'affaire qu'y z'allottent bintôt trépasser !.. Je nn'ai vu eune masse din Douai qui z'ont diabelmint passé l'épique... Quand que j'busie à m'vielle maîtresse d'école de l'ruc St-Albin qu'alle a r'chu pindant trinte ans douze pour chint d'sus un bien qu'alle avot vindu comme cha et qu'din l'momint qu'alle a fait ch'l'affaire qu'un arot juré qu'alle allot morir, et qu' point du tout v'là qu'alle r'prind fin bin et qu'à n' s'étot jamais miu portée d' sa vie, si bin qu' chés gins qui z'avottent cru faire eune bonne affaire y z'arottent bintôt été obligés d' vinde leus culottes, si non bin qu'y z'avottent leus reins solides ; et *ch' Marquis d'Bel-œil* qu'il avot acaté aussi du bien comme cha biau z'et quer, et qu'il a païé cha des années et des années à l' faire crier miséricorde ; et eune masse d'autes qu'y faudrot eune page toute intière pour vo dire tout ch' que j'sais là-d'sus... Aussi, malgré qu' bin des fos qu'un a v'nu din m'mazon pou faire des propositions pou ch' z'affaires-là, j'ai toudis fait l'sourd, premier pache que je nn'ai vu d' trop d'attrapés, et après pache que j'ai fin quer' tous chés gins d'Douai et que j'vodros qu'y vichent tertous cotints, heureux et fin long-temps, et qu'j'aros eune peur du diabe qu' din eune position comme cha, in païant d' z'intérêts in veux-tu in v'là à ch' ti qu'un li arot acaté sin bien pindant des années qu'un n'in verrot bintôt point l'fin, qu'un sohatrot qu'y perde s'n haleine au pu vîte...

Mais à ch' t'heure chet un aute ju ; v'là quéqu'un qu'il a trouvé eune manière d'faire ch' l'affaire à coup sûr pou qu'tout l'monne soit cotint et qu'un sache quoi et qu'mint. V'là l'histoire :

Y n'y a din no bonne ville d'Douai, d'sus l'paroisse Noter'Dame, un brave homme qu'il a gramain d'corage, et qui fait tout sin possibe pou élever s' famille comme y faut; et aveuc tout cha il est toudis gai comme un pinchon, et un est bin sûr, quand qu'un l'rinconte, d'intinde quette cosse pou avoir du plaisi ou bin eune nouvelle farce qu'y vient d' faire. — Si bin qu' dernièr'mint sin maite dù qu'il œuve y li dit : acoute, min tiot, te sais bin que j't'ai quer', pache t'es un bon garchon et qu' t'es d'pis si longtemps ichi d'din; eh bin, j'm'in va t'dire : Te sais bin chés deux bons viux gins qu'chet à eusses t' mazon, qu'y n'y a déjà gramain d'ans qu'te leu loue, eh bin, y m'ont v'nu parler, et y s'rottent colins, pou t' faire un avantage, et pis eusses avoir un p'tiot peu pu d'doubes tous l'z'ans tant qu'y vichent, de t'donner leu mazon à fond-perdu. — Am'mode qu'te n'f'ros point là eune méchante affaire, et s'y s'agirot de t' donner un tiot co d'main, te sais bin qu'jé n's'ros point incor à cha près. — J'vo r'mercie, Monsieu, qu'y répond ch' l'homme, j'busirai à ch' l'affaire-là...

Chet bon; v'là un momint qui s'passe, et par un biau jour un intind buquer à l'porte : chétot grand'père et grand'mère qu'chelle mazon qu'chet à eusses qui v'nottent vire leu locataire... — Qu'mint va-t-y, m'n ami? Vo femme à s'porte bin et ch'z'infants aussi, qu'y dit grand' père?.. — Aüi, Monsieu, qu'y répond ch'l'homme, assyez-vous ? Vo savez bin pourquoi qu'no v'nons ? Vo maîte y vo nn'a parlé bin sûr? — Aüi, no z'allons vire cha...

V'là ch' l'homme qui crie après s' femme qu'alle étot in haut, et y li dit d'apporter deux boutelles. — Quoque chet qu'te d'mande là, qu'alle répond chelle femme, te sais bin qu'y n'y a point d'vin ichi d'din. — Je n'te dis point cha non pu, qu'y dit s'n homme, apporte deux boutelles sans rien d'din.

V'là chelle femme qu'alle apporte chés deux boutelles d'sus chelle tabe, et ch'

17

l'homme qui dit à chés deux vius gins :

Acoutez bin, je n' demande point miu d'faire l'affaire, mais, comme de jusse, y faut toudis prinde quéques tiotes précautions, pou n'point agir in avule. Par ainsi, vous allez prinde tous les deux eune d'chés boutelles et vo z'arringer d'manière à m'les rinde d't'à-l'heure, tout comme y faut pour que d'main j'min aille les faire vire à ch' médecin à pichade à Tincheny, et alors y m'dira cobin qu'vos avez incor à vive tous les deux, comme cha j's'rai sûr de n' point juer au sot aveuc vo mazon....

4 juillet 1870.

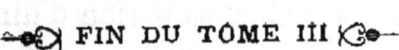

FIN DU TOME III

RICHI CHET CHELLE TABE.

XXXVIII.

Pages.

Eune fiête des Wios-Saint-Albin . 1
Ch' mât d'Cocagne 2
Chés garchonnals qui mettent pou
   six doubes d'chiro à l'intour d'leu
   corps pou monter miu à ch'mât . 4
Louis-Joseph qui veut faire un nou-
   viau ju 5
Grand'père et grand'mère qui fait-
   tent leu menuet à ch'bal . . . 7
Nos rigodons à l'mason de ch'capi-
   taine 7

XXXIX.

Quéques tiotes ercettes à l'coëtte . 10
Chés salles d'asile d'Douai . . . 13
Sœur Catherine de l'Providence . 13

Ch'z'écoles d'infants à ch't'heure et pis chelles d'no temps . . . 16

XL.

Chés vius airs d'Douai (pot-pourri), souv'nir d'no jeune temps . . 19
Au château de Madame là, là, . 20
T'aras pas mes gambons, mes gambettes 20
Sommes-nous loin assez, rouge pan, joli pan 21
Faut-y des biaux tiots jeunes rémolas ? — Te baj'ras min... . 21
Tiens-te bin, te vas quéïr . . . 22
Nous avons gagné l'ogeon ! . . 23
Saint Jean il a quéïu din l'iau . . 24
L'Sermon d'chés Pimperlots . . 25
Rond, rond, d'Sainte-Anne au gué 26

XLI.

Eune tiote promenade din Douai . 27

XLII.

Eune fiête à l'Boucherie, d'sus la Place, din l'rue d'Obled . . . 29

XLIII.

L'fiête de ch'Incas à Valenciennes,
   in 1866 47

XLIV.

L'fiête d'Gayant in 1866 . . . 55
Ch' l'ertraite à l'candelle . . . 55
L'famille d'Gayant 56
Chés jus 56
Ch' muséum 56
Chés barraques 57
Ch' chirque 58
M. Loramus 59
L' musique d'chés Guides d' Bruxelles-in-Brabant 59
Ch' l'esposition de ch'z'Amis des Arts 61
Chés biaux portraits d'nos comtes d'Flandre 64
Chelle grande fiête des Wios-Saint-Albin pou l'erbond d'Gayant . 65
L'rue Saint-Albin et pis l'rue d'Ocre bin arringées, et pis incor aute cosse 68

XLV.

Quéques tiots mots d'sus Douai . 73
Chelle fiête d'chint ans qu'alle drot
   s'faire ch'l'année ichi à Gayant . 74
Eune belle histoire arrivée à un
   crâne chasseur d'mes camarades 75

XLVI.

Deux p'tiots mots d'sus ch'concert
   d'no musique de l'ville . . . 79
Un rude chasseur d'Douai . . . 81

XLVII.

Ch' l'affiche de l'fiête des Wios-
   Saint-Albin in 1867 85
Chelle pleuve alle quet 87
Ch'l'annonce d' Labalette ch' ba-
   chenneux. 88

XLVIII.

L'fiête des Wios-Saint-Albin, et pis
   incor aute cosse. 89
L'canchon de ch'maîte D. F. d'sus
   l'fiête des Wios-Saint-Albin. . 98

XLIX.

Un raccroc de l' fiête des Wios-
Saint-Albin 101

L.

Ch'sot des Calonniers din ch'l'Aca-
démie d'modelure. 105
Ch'polisson qui fait quéir sin maite
d'école 107
Ch'coq de l'rue d' l'Halle . . . 107

LI.

Chelle fille malade et s' mère
qu'alle promet de l'marier. . 109
Monsieu Louis et s' pièce toute
ronde 111
Dauphine et ch'l'huile d'Crétone. 112
Ch' ti-là qui veut coper eune
équelle pou l'faire intrer din
eune cambe. 113
ch' pleumeu d'pigeons . . . 113

LII.

Eune lette qu' j'erchos d'un d'chés
braves copères d'Douai qui resse
din Paris 115

LIII.

Ch'l'homme qui cache à s'marier, mais qu'il est gramain trop difficile 119

LIV.

Lette à ch'viu homme de l'paroisse des Wios.—Antoine à ch'cousin Louis 121

LV.

Ch' biau cloquet d'Douai . . . 123
Comme quoi qu'un ll'arringe comme y faut, et pis chelle cérémonie de ch'lion qu'il a déquindu sam'di passé 125

LVI.

No lion d'Douai tout in or ermis pindant qu'tous chés grosses cloques qu'alles sonnottent à l' grande volée, et pis tout ch'qui s'a passé pou ch'l'affaire-là l' 29 d'août 131

LVII.

Lette d'un brave homme né natif d'Cambrai 141

LVIII.

Eune nouvelle canchon d'Gayant, pa ch'maite Desrousseaux, d' Lille 145

LIX.

Eune chasse au Renard. . . . 151

LX.

Chés cris d'Douai (pot pourri). . 153
A bruants, bruants, quate pour un doube 154
Faut-y des biaux tiots jaunes rémolas ; des rémolas comme des poires 154
A coucous, coucous, pour eune épinque ; y sont si biaux qu'y vol't in haut !. 155
Charbon d'faulx, braisettes. . . 155
Viûs sorlets 156

A r'fonde les cuillers d'étain. . 156
Peunn'tières tout quéauds. . . 157
Des cordes à l'buée 158
Marchand d'oches, marchand d'
    verre cassé, viellés loques; peaux
    d'lièves, peaux d'lapins . . 158
Faut-y d'z'aleumettes 159
Maquériaux, maquériaux, au resse 160
La joie, la joie, v'là l'oubli . . 160
Faut-y des carottes, des choux,
    des tiots bouquets, des pommes
    dé tééé-are 161
Y a d'la marée frrraîche à bon mar-
    ché. — Mourmoulettes, mour-
    moulettes... Les v'là chés bellés
    moules de Gand, les v'là, les
    v'là 162
Faut-y des balais, madame? — V'là
    l'marchand d'balais 162

LXI.

No biau cloquet d'Douai tout fini 163
Chés cloques, ch'carïon . . . 165
Chelle belle commune 167

LXII.

L'fiête des Wios-Saint-Albin in 1869 169

LXIII.

Ch' l'ingélé de l' rue Jean-de-Bologne 175

LXIV.

L' marche de l'demi-Carême, à Sin 179

LXV.

Chés triomphes de l'Musique municipale d' Douai 185

LXVI.

Ercette invintée par un homme d' Douai, pou savoir à queu prix qu'un peut acater du bien à fonds perdu. 201

Chelle tabe. 207

Douai. — Imprimerie L. Dechristé. — 1870.

SOUV'NIRS D'UN HOMME D' DOUAI

DE L' PAROISSE DES WIOS-SAINT-ALBIN,

Par L. DECHRISTÉ.

Les deux premiers tomes réunis en un fort volume. Prix : 2 francs.

Le tome 3me. Prix : 1 franc.

Chez l'auteur, et chez MM. Lafoscade, Legros, Lucas, libraires à Douai ; Quarré, libraire à Lille.

CHANSONS
ET PASQUILLES LILLOISES
Par DESROUSSEAUX.

Quatre volumes avec musique,
à 2 fr. 50 c. le volume.

A Lille,
Chez l'auteur, rue Beauharnais, 48.

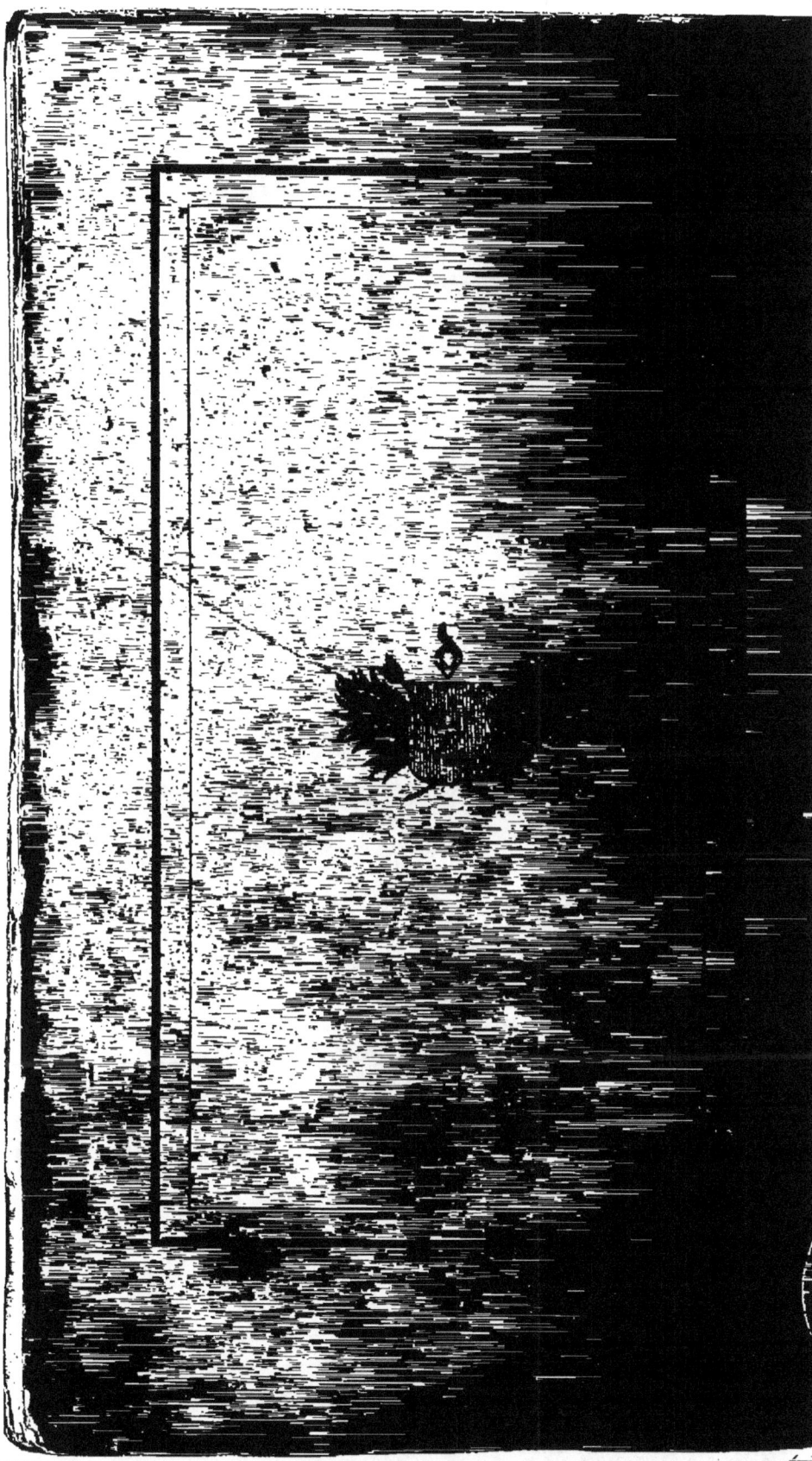